Constelaciones familiares para la prosperidad y la abundancia

Constelaciones familiares para la prosperidad y la abundancia

INGALA ROBL

Grijalbo

Constelaciones familiares para la prosperidad

Primera edición: febrero, 2010
Primera reimpresión: marzo, 2015

D. R. © 2009, Ingala Robl

D. R. © 2015, derechos de edición mundiales en lengua castellana:
Penguin Random House Grupo Editorial, S.A. de C.V.
Blvd. Miguel de Cervantes Saavedra núm. 301, 1er piso,
colonia Granada, delegación Miguel Hidalgo, C.P. 11520,
México, D.F.

www.megustaleer.com.mx

Comentarios sobre la edición y el contenido de este libro a:
megustaleer@penguinrandomhouse.com

Queda rigurosamente prohibida, sin autorización escrita de los titulares del *copyright*, bajo las sanciones establecidas por las leyes, la reproducción total o parcial de esta obra por cualquier medio o procedimiento, comprendidos la reprografía, el tratamiento informático, así como la distribución de ejemplares de la misma mediante alquiler o préstamo públicos.

ISBN 978-607-429-637-2

Impreso en México/*Printed in Mexico*

COMO EL DINERO ES LA MANIFESTACIÓN DE NUESTRA ESPIRITUALIDAD —O DE NUESTRA ESENCIA DIVINA— POR LA CUAL DAMOS LO MEJOR DE NOSOTROS, PARTICULARMENTE LOS VALORES HEREDADOS DE MUCHAS GENERACIONES DE ANCESTROS Y ADEMÁS QUE SIEMPRE ESTÁN AL SERVICIO DE LA VIDA:

este libro está dedicado a todas las personas capacitadas, trabajadoras, talentosas, comprometidas, honestas y con ética (a quienes les importa lo que le pase al otro), y que aún están implicadas o enredadas en los destinos de otros miembros de su familia, lo cual les ha impedido tener el éxito y la prosperidad anhelados que se merecen;

también está dedicado a apoyar a todas las mexicanas y mexicanos, así como a los latinoamericanos en general, para vivir una vida digna, con dinero en abundancia para cubrir sus necesidades y satisfacer sus deseos, y de esa manera erradicar la pobreza en nuestro país y en este continente;

asimismo, es para todas las personas que se dedican a las artes y las profesiones de sanación, para que tengan la abundancia en sus vidas, ya que tanto bien hacen a la sociedad;

y, en especial, este libro está dedicado con amor a mis hijos y a mis nietos.

Y en particular
ESTE LIBRO ES PARA TI

Índice

Agradecimientos 13

1. *El éxito y la conciencia de prosperidad* 19
   La importancia de la madre para una vida exitosa 19
   Nuestras imágenes y nuestras creencias en torno
      a la prosperidad 20
   Supuesta oposición entre lo material y lo espiritual ... 23
   ¿Cómo podemos definir la prosperidad? 24
   La conciencia de prosperidad y sus cuatro niveles 24
   ¿Cómo lograrla? 29
   Nuestros valores son nuestro "blindaje" ético 30
   La ley de la atracción 32
   ¿De dónde provienen los obstáculos para
      la prosperidad? 35
   El cambio significa salir de tu zona de confort 39

2. *Las constelaciones familiares,*
   los enredos sistémicos y la prosperidad 43
   Los sistemas 43

Bert Hellinger y las constelaciones familiares 45
El campo morfogenético 48
La conciencia familiar 51
El derecho a pertenecer 54
El equilibrio entre dar y tomar 56
La necesidad de orden 60
La importancia del alma 62
Dinámicas ocultas o enredos sistémicos 63
La lealtad invisible 68
El impacto de la exclusión 71
Los muertos 72
Víctimas y perpetradores 74
Reconciliación y paz 75

3. *Breve descripción de la metodología
   de una constelación* 77
   La imagen inicial 80
   Lectura de la imagen inicial o diagnóstico 82
   Dinámica 83
   Imagen final, una nueva visión que puede llevar
      a una solución diferente 85

4. *Trabajo de constelaciones para la prosperidad* 89
   Dinámicas que llevan al fracaso y a las pérdidas,
      y cómo revertirlos 89
   Gabi: "Encontrar un trabajo que me guste" 92
   Fátima: Disminución de clientes 98

Nina: "Necesito fuerza para subir en la empresa" 107
Isabel: "Trabajar y ganar, o descansar y no ganar".... 110
Agustín: "Ahora quiero otra carrera" 113
Juan: Conflicto entre socios......................... 117
Tomás: "El dinero es malo" 124
Clara: Empresa familiar llena de enojos 131
Manuel: Empresa con quiebras 135
Alma y Luisa: Empresa heredada 142
Mari y Andrea: "A nuestro proyecto no llega
    el éxito".. 150
Estela: Falta de creatividad 159
Blanca: Independencia financiera 163
Iliana: "La casa heredada no se vende" 168
Adela: "Me invade la pereza para trabajar" 173
Angélica: "Mi falta de autoestima afecta
    mi trabajo"...................................... 176
Inés: "Miedo a perder mi empleo" 181
Pablo: Miedo al reconocimiento....................... 185
José: "Mis jefes me obstaculizan".................... 191
Lola: "No logro unificar dentro de mí
    lo material con lo espiritual"................... 198
Sergio: "No puedo alcanzar el éxito" 202
Mercedes: "Nunca permanezco en mis trabajos"...... 207
Cristina: "Problemas con mi jefa" 213
Mauro: "Quiero hacer crecer mi negocio" 217
Elisa: "Quiero sacar adelante el negocio
    de mi esposo".................................... 223
Susana: "Recuperar mi herencia" 227

Pablo: "No prospero porque todo lo pospongo" 233
Rocío: "No puedo tomar el poder y el dinero" 236

Últimas observaciones para el éxito de un negocio,
   organización o empresa 243
Conclusiones. 247
Contactos. 251

Agradecimientos

En 1983, un amigo, Kurt Denker, me invitó a un curso que él ya había tomado. Había sido traído de Estados Unidos y diseñado por el estadounidense Phil Laut, con el título: *Conciencia de prosperidad: el dinero es tu amigo*. Este curso, que Kurt Denker empezó a impartir en México en 1983 y que duró 40 semanas, cambió mi vida, aun después de casi 10 años de trabajar en mi proceso personal.

Cambió mis paradigmas heredados y aprendidos en torno al dinero, al trabajo y a la prosperidad. No sólo los cambió, sino que me di cuenta de que no tenía imágenes aprendidas e internalizadas sobre la prosperidad y que ésta también podía ser para mí. Mis compañeros del grupo sí tuvieron imágenes sobre la abundancia, aunque a veces estaban bloqueadas dentro de ellos. Me quedé en total *shock* al darme cuenta de que esta idea, esta imagen, ni siquiera estaba "instalada" en mi mente. Cuando mis compañeros las tenían en alguna parte de su mente, en mí había un vacío.

Por eso, expreso aquí mi agradecimiento para Phil Laut y Kurt Denker por abrir mi mente hacia la prosperidad como una posibilidad en mi vida.

¿Cómo llegué a tener este vacío en la mente, esta zona inerte, sin energía, sin información? ¿Cómo es posible que un ser humano no tenga determinadas ideas e imágenes dentro de su mente? Solamente con las constelaciones familiares logré hacer la conexión.

Mi abuela materna era una modista reconocida en Alemania; me acuerdo de los preciosos vestidos y trajes que confeccionaba para mi hermano y para mí (los cuales nos daban un poco de vergüenza porque, sin serlo, parecíamos gemelos, especialmente en las bodas, cuando nos vestían de pajes) después de la guerra. De ella y de mi mamá me queda el gusto por la moda.

Mi abuelo materno era carpintero y de él mantengo la pasión por la madera; recuerdo vívidamente el olor de su taller, que se encontraba en un jardín. Y con algo de espanto también recuerdo que algunos de sus dedos estaban más cortos.

Mi abuelo paterno era del Imperio Austro-Húngaro y mi papá se refería a él con gran respeto como el "gobernador de Budweis", algo que nunca entendí. Pero sí recuerdo bien que este patriarca con gran autoridad y bigotes estilo Kaiser Franz-Josef me llevaba aproximadamente 70 años. También era comerciante y tenía un estilo de vida desahogado. Quizás de ahí me vienen ciertos talentos para las ventas. No conocí a mi abuela materna, pero mi padre y sus hermanos la describían como una mujer dulce, dedicada al hogar, al marido y sus cinco hijos, lo cual repetí algunos años de mi vida.

Más tarde llegó la segunda Guerra Mundial y las cosas cambiaron. Mi familia perdió todo: mi línea paterna, la patria, su ciudad, su entorno, sus amigos, sus vecinos, sus familiares, su patrimonio, el idioma (el checo y el austriaco-alemán), su cultura "bohemia" (más suave que la de mi línea alemana). Y terminaron como ninguno de ellos seguramente se lo había imaginado jamás: como refugiados en el sur de Alemania, en Baviera, con nada más que lo que pudieron poner en una maleta o una bolsa, para empezar de nuevo al final de la guerra. Su tesoro más grande era la vida que conservaron; lo demás era vivir en la pobreza total.

Mientras tanto, la casa de mis abuelos maternos en Hamburgo, Alemania, había recibido el impacto de una bomba, y con la casa y todo su patrimonio se fue también el hermoso vestido de boda que había hecho la abuela para su hija, mi mamá, que se iba a casar en otro país. El final de la guerra los sorprendió sin ningún patrimonio pero todavía con vida, en pobreza total, para empezar nuevamente una vida profesional.

Y bueno, ¡qué decir de mis padres! Habían salvado sus vidas, cada quien por su lado; lograron reencontrarse, sin ningún patrimonio, y comenzaron a reconstruir sus vidas; mi padre en un país ajeno, Alemania, y mi madre, finalmente en su tierra, de vuelta a su ciudad natal, Hamburgo.

¿Qué valores se reciben de una pareja y de sus respectivas familias de origen, después de una situación en la que lo más importante era salvar la propia vida? Muchos, muchos: un gran sentido de la responsabilidad, el valor del trabajo, la honestidad, la esperanza, la fe, la seguridad de poder volver a crear, la solidaridad, la persistencia, la valentía de no rendirse nunca y de seguir adelante más allá de las propias fuerzas, la confianza en nuestras habilidades, talentos y dones, y la capacidad de encontrar las oportunidades y de mantenerse abiertos a la vida, así como el agradecimiento por haberla conservado. También aprendí muchas cosas sobre el dinero, en relación con las devaluaciones, y frases como las siguientes: "¿Cómo me pides dinero? ¿Crees que crece en los árboles?", "Hay que luchar mucho para ganar un poco de dinero", "Lo importante es tener lo suficiente, aunque sea poco", y muchas más por el estilo. Sin embargo, no se hablaba de abundancia, ni de riqueza ni de prosperidad.

A todos ellos, les estoy eternamente agradecida porque me enseñaron sus valores, en medio de la pobreza, de las enfermedades y las epidemias, y del hambre.

Mi agradecimiento también es para todas las personas que han participado en mis talleres de *Prosperidad*, y últimamente en los de *Configuraciones para lograr el éxito, la abundancia y la prosperidad*.

Cuando trabajo en los talleres, este nuevo paradigma de la prosperidad irradia a través de mí para inspirar a los participantes a que tomen la prosperidad, a que salgan de su zona de confort, a que honren a sus padres, y a partir de esta honra, a que sean exitosos.

A Katia del Rivero y a Cathérine Fauconnier les expreso mi admiración y mi gratitud por haber logrado grabar la mayoría de las constelaciones que se presentan aquí.

Sin ellas, este libro no hubiera sido escrito para servir de ejemplo a otras personas que honrarán a sus padres al atreverse a superarlos y a ser prósperos.

A Concha Latapí le agradezco la paciencia y su guía, así como el acompañamiento y las aportaciones a este libro. Como yo, ella cree en las constelaciones y sugirió que escribiera sobre el éxito y la prosperidad.

A Random House Mondadori le agradezco su invitación y su apoyo para que las ideas aquí plasmadas se convirtieran en un segundo libro sobre constelaciones.

Cuernavaca, 2 de junio de 2009

1

El éxito y la conciencia de prosperidad

La importancia de la madre
para una vida exitosa

¿Qué tienen que ver el éxito y la prosperidad con nuestra madre? En las constelaciones familiares hemos podido observar que ambos están estrechamente conectados con nuestra madre, porque ella es la primera persona exitosa en nuestra vida: junto con nuestro padre nos la dio —exitosamente, dado que estamos vivos—. Ella es la vinculación entre el éxito, la prosperidad y la vida. La vida es éxito, en esencia, ¡porque estamos vivos y podemos gozarla!

Así, el primer paso para obtener el éxito y la abundancia es haber asumido e internalizado a nuestra madre, lo cual no siempre es tan fácil como suena porque su personalidad, su carácter y sus acciones no siempre nos lo facilitan. Aun así, en las constelaciones familiares se toma lo esencial de ella: la vida.

La madre está al servicio de la vida y verá con buenos ojos cuando nuestro quehacer profesional esté también al servicio de la vida. Ella nos da la bendición para el éxito cuando la miramos; reconocemos lo que nos ha dado, le damos las gracias por habernos dado la vida y, con todo esto, la honramos.

También necesitamos la energía y la fuerza de nuestro padre; él representa el mundo, el ir al mundo con compromiso, persistencia, responsabilidad, entrega. Su energía nos apoya para dar lo que se necesita dar a cambio del éxito: trabajar, hacer, actuar. Y por todo esto, también lo honramos, vivo o muerto, conocido o desconocido.

Con estos dos pilares detrás de nosotros —apoyándonos, bendiciéndonos—, nos encaminamos hacia el éxito a través de nuestras acciones y nuestros diversos quehaceres, y con la ética, donde lo que le pasa al otro nos importa.

Nuestras imágenes y nuestras creencias
en torno a la prosperidad

El éxito y la prosperidad también tienen que ver con otros factores: la familia, los valores, las creencias y las imágenes que nos enseñaron en relación con el dinero, el éxito y la prosperidad. Todo lo anterior lo registramos en la infancia, por un lado; y, por otro, forjando lealtades invisibles e inconscientes hacia miembros de nuestro clan familiar, al cual, muchas veces, ni siquiera conocimos.

Un problema en lo referente al éxito y a la prosperidad es que existe confusión sobre el concepto de éxito. El éxito tiene tres dimensiones: dinero, prestigio o reconocimiento de los demás, y la satisfacción de lo que uno hace. Para esto, es necesario descubrir lo que te apasiona, hacerlo y recibir dinero por ello. Así, habrá felicidad y plenitud porque te sientes realizado.

Hay que tomar conciencia de nuestras imágenes y creencias. Por generaciones, nos han enseñado que el éxito y la abundancia son el resultado de trabajar duro, ser empleados, recibir un salario o un sueldo, tener un jefe y trabajar hasta la jubilación. Sin embargo, no siempre es así. Millones de personas en el mundo trabajan arduamente y apenas ganan lo suficiente para sobrevivir mientras otras, una minoría, gozan de gran afluencia económica con menos horas de trabajo. Es imperativo trabajar menos horas, porque para ser exitosos necesitamos tener tiempo para descansar y reflexionar. Solamente así puede aflorar la creatividad y su manifestación: el éxito y el dinero. Como decía Albert Einstein: "Para ser creativo hay que dormir bien, y luego abrirse a la infinidad de posibilidades que hay en el universo".

Humberto Maturana y Phil Laut afirman que no podemos separar la economía del ser humano porque la economía es psicología. Y tienen mucha razón: si las imágenes negativas del dinero están en nuestra mente, cada vez que venga el dinero la mente dirá NO y nos las arreglaremos, consciente o inconscientemente, para evitar que el dinero llegue a nuestras manos.

Todo está relacionado con nuestra manera de pensar, nuestras creencias, nuestras imágenes y la forma en que nos relacionamos con nosotros mismos y con los valores éticos y espirituales, así como con la historia de nuestro clan familiar.

Por otro lado, tener dinero o no tenerlo son dos lecciones diferentes en la vida de las personas y tienen que ver con sus diversos destinos. Tanto la riqueza como la pobreza pueden convertirse en una prueba; una que superemos o no (puedes ser una persona con riqueza material, emocional, creativa y espiritual, en oposición a un rico sin conexión que solamente piensa cómo logrará juntar más dinero en sus cuentas y a quien no le importan los demás). Ser pobre no es una virtud en sí; al contrario: la pobreza lleva a muchas personas a perder la dignidad y a cometer fechorías para sobrevivir.

Otra imagen o creencia negativa viene de nuestros padres, quienes frecuentemente hablaron de una manera negativa sobre el trabajo: implica lucha y mucho sufrimiento. Actualmente, gran cantidad de personas, generalmente por necesidad, realizan trabajos que no les gustan, lo cual sí es un sacrificio interminable. Por otro lado, un trabajo que nos gusta y que además no genera suficiente dinero, es una lucha sin fin. ¿Por qué algunas personas son capaces de generar prosperidad mientras otras no lo consiguen? Porque tienen conciencia de la prosperidad. El trabajo que realizan es la expresión verdadera de sus valores personales y espirituales, y también pueden hacerlo porque han procesado los obstáculos del pasado de su sistema familiar, eventos dolorosos y heridas, con introspección y analizando sus constelaciones familiares.

Supuesta oposición entre lo material y lo espiritual

Muchas personas viven lo material y lo espiritual como una dicotomía, como dos polos que se excluyen mutuamente. En los talleres donde abordamos la conciencia de prosperidad (con *coaching*), acompañamos a los participantes a encontrar una respuesta a la eterna pregunta: ¿lo material está en contra de lo espiritual?, o bien: ¿puede darse la unión de los dos? La respuesta es: sí. Y cuando logramos elevar nuestro nivel de conciencia podemos conciliar lo material con lo espiritual. El dinero también es energía: la energía del trabajo del otro que nos paga y nuestra energía cuando le pagamos al otro. Es un intercambio de energía entre dos o más personas.

Asimismo, podríamos decir que los tres niveles de nuestro ser y hacer, el emocional, el mental y el espiritual, se manifiestan en el nivel material. Lo que está adentro (de nosotros) se manifiesta afuera (en el mundo).

¿Cómo podemos definir la prosperidad?

Prosperidad significa tener suficiente dinero (lo cual es una medida, una cantidad, un estilo de vida diferente para cada persona) y resulta de saber en qué actividad estamos conectados con nuestra propia fuente de creatividad y con la Fuente Universal, para así dar lo mejor de nosotros. La vivencia práctica de nuestra creatividad y de nuestra espiritualidad nos ayuda a relacionar nuestra profesión con nuestra vocación, o misión en la vida, y a mejorar la calidad de esta última, así como de nuestro bienestar físico y emocional. Todo lo anterior, después de haber mirado hacia el pasado, para descubrir los obstáculos, conscientes e inconscientes, sortearlos, y vivir nuestra vida construyendo así el éxito, la prosperidad y la plenitud.

La conciencia de prosperidad y sus cuatro niveles

Hay quienes confunden la prosperidad con la riqueza, como lo meramente material, aludiendo así a un pensamiento reduccionista, es decir, reduciendo la prosperidad exclusivamente al dinero. Sin embargo, es fácil demostrar que no toda persona rica es próspera.

Cuando en los grupos de constelaciones hacemos el ejercicio de pensar, con un criterio de realidad, sobre la cantidad de dinero con la cual las personas se sienten "ricas", cada quien anota una cantidad diferente de dinero, porque cada persona tiene diversos criterios al definir su propia riqueza. De acuerdo con la conciencia de prosperidad, introducimos la idea de "suficiencia" en un sentido positivo, es decir, cuánto dinero quiere tener determinada persona para considerar y sentir que posee suficiente abundancia como para vivir una vida digna, con la calidad anhelada, satisfaciendo sus necesidades y sus deseos, y sin sufrimiento ni angustias en torno al dinero que desea.

En la conciencia de prosperidad, la riqueza ciertamente es parte de la prosperidad, pero no es el único criterio. Para ser realmente prósperos necesitamos transformar nuestras ideas en torno a la abundancia, tomando conciencia de que existen cuatro niveles en la prosperidad:

1. *El nivel de lo tangible (mi cuerpo)*. Sin un cuerpo saludable, es difícil emprender las acciones necesarias para alcanzar nuestras metas. Es importante cuidar la salud: comer sanamente, dormir bien y hacer ejercicio, realizar alguna práctica de meditación y aprender constantemente algo nuevo. Cuando mantenemos activo el cuerpo, también mantenemos activo el cerebro, el cual asimismo necesita ejercicio constante para conservar su plasticidad y su capacidad de aprendizaje, de reflexión y de apertura a nuevas ideas. Es decir, primero hay que cuidar la salud y luego abrirnos a la infinidad de oportunidades que existen en el universo y que están esperando que las veamos y las aprovechemos.

Lo tangible también incluye lo medible: cuánto y cuándo. Ya vimos que no basta con decidir ser rico y creer que el siguiente paso es tener claro qué cantidad de dinero se quiere, sino que es necesario fijar una fecha realista para alcanzar el objetivo. En el ejercicio que mencionamos antes se pide a los participantes que elaboren una especie de cheque a su nombre, con la cantidad del dinero que quieren ganar al mes (por lo menos), con una fecha específica (generalmente un año) y que lo firmen. Por ejemplo: "Estoy ganando 20 000 pesos al mes, por lo menos, antes de terminar los siguientes 12 meses".

En este nivel material y cuantificable están tu trabajo, tu sueldo, tu cuenta bancaria, tu departamento o tu casa, tu auto, tu educación, tus viajes, etcétera; se trata del HACER y del TENER.

2. *El nivel emocional y de los vínculos*. Se trata de tu relación contigo mismo. Para tener una buena autoestima, es necesario soltar las creencias y los juicios negativos acerca de uno mismo. La propia desaprobación generalmente pesa más que la aprobación de los otros. Para poder recibir la prosperidad debemos afirmar: "Aquí estoy", diciendo sí al pasado, al presente y al futuro. Esto significa aceptarte y aceptar tu vida y tu destino, sabiendo que no eres perfecto, pero que la conciencia te acompaña en tu constante proceso de crecimiento y maduración hacia la plenitud.

Es necesario que primero te ames a ti mismo para poder amar a los otros. La autoestima juega un papel muy importante en el éxito de cualquier persona y se construye en la vida familiar, generalmente a través del padre y de la madre.

Si quieres tener éxito en la vida, primero debes reconocer tus capacidades, tus habilidades, tus valores, tus dones, tus talentos y tu experiencia. De esa manera los podrás ver también en los demás.

Al crear tu negocio reconoces tus propios méritos y luego los méritos de los demás. Cuando te miras con amor, también haces lo mismo con los demás, te sientes conectado con ellos y piensas en cuál va a ser tu contribución a la vida, a quienes te rodean y a la sociedad. Así habrá buenos ciudadanos.

En este nivel están tus buenas relaciones con los demás, como legítimos otros: tu familia de origen, tu pareja, tus hijos, tus amigos, tus colegas. Así te sientes próspero emocionalmente; se trata del SER.

3. *El nivel mental*. Aquí no me refiero sólo al raciocinio o a la inteligencia, sino a la capacidad de soñar, de ser creativos. En el tarot inglés aparece la figura del Mago con una mano señalando al cielo y con la otra a la tierra. Esto significa: "Me conecto con el universo a través de mis sueños y de mi creatividad, y los manifiesto en la tierra". Primero tenemos sueños; manifestarlos es el siguiente paso.

Aquí también es pertinente otra frase de Albert Einstein: "Para tener resultados diferentes hay que pensar diferente". Es decir, necesitamos salir de nuestra forma de pensar acostumbrada, automática y limitada, y abrirnos constantemente a nuevas ideas y crear nuevas realidades, un nuevo presente, un futuro diferente. Un futuro en el cual cabe la idea de tu prosperidad y de tu plenitud. Aquí hablamos de la MANIFESTACIÓN de tus deseos a través de tu hacer y de tu ser.

4. *El nivel espiritual*. Tu conexión con algo más grande que tú es tu espiritualidad. Puede ser la fe en Dios, en el cosmos, en cualquier otro ser superior, en el universo, en la naturaleza o en lo que tú quieras. Necesitamos esa conexión con algo más grande porque nos inspira agradecimiento y humildad cuando recibimos algo, en particular, cuando recibimos la prosperidad. Humildad y gratitud también son los mejores "antídotos" contra el miedo o la envidia al abrirnos a la riqueza. Podríamos decir que en este nivel ocurre nuestra conexión con algo más grande que nosotros: lo divino que tenemos dentro.

Para ser próspero hay que soltar la creencia de que la prosperidad se mide sólo con el dinero.

El dinero solamente es un nivel de la prosperidad. Y conciencia de prosperidad significa estar bien en los cuatro niveles. Hay personas ricas, con mucho dinero, que no son prósperas; por el contrario, existen personas que han acumulado mucho dinero y al mismo tiempo viven la vida con prosperidad en los otros tres niveles de su vida: con conciencia, responsabilidad con los demás y ética (que les importa lo que le pase a otros), creando y realizando sus sueños y en conexión con una fuerza superior (sea la que cada quien elija).

¿Cómo lograrla?

Como hemos empezado a ver, hay muchas causas por las cuales la conciencia de prosperidad está bloqueada: por nuestra manera de pensar acerca de la abundancia material, emocional y espiritual; por los obstáculos que vienen de una falta de vinculación con la madre; por eventos trágicos en nuestro sistema familiar; por la historia de nuestros ancestros y su relación con el dinero; por nuestras creencias, imágenes o experiencias negativas respecto del dinero.

Muchas de estas creencias limitantes fueron adquiridas en la infancia; otras se originaron en nuestras generaciones pasadas y están grabadas en la conciencia familiar.

Ser exitosos, ricos y prósperos no es nada más cuestión de *querer*, sino de *decidir*. No es suficiente *querer* ser exitosos y ricos: *decidamos* serlo. No es suficiente *querer* tener éxito: *decidamos* alcanzarlo. Pero esta decisión se puede tomar sólo cuando hemos encontrado la libertad y el libre albedrío, después de haber tomado conciencia de nuestros obstáculos, conscientes e inconscientes, y de haber dejado atrás las identificaciones, las lealtades invisibles y las historias de otros miembros de la familia y de nuestro clan.

Así que ahora se puede dar el tercer paso hacia el éxito y la prosperidad, con la decisión firme de lograrlo y de entender que, si decidimos tener éxito, tenemos que dar algo a cambio y mirar honestamente al pasado. Sin embargo, al querer cambiar algo (mi estado de insuficiencia de éxito y de dinero), también queremos conservar algo (familia, pareja, salud, valores, tiempo libre, etcétera), porque todo cambio sucede en torno a lo que queremos conservar. Si tenemos esto en mente, va a ser más fácil alcanzar nuestro objetivo porque, antes de hacerlo, decidimos lo que queremos conservar.

Una vida sin la comprensión de nuestro lugar en este mundo, de los obstáculos con que nos encontramos en el camino, de la falta de sentido existencial, del propósito en la vida y de la lección que nos toca vivir, da la sensación de vacío, lucha y sufrimiento. Para cambiar, necesitamos desarrollar nuestra conciencia y nuestra espiritualidad para evolucionar, y esto implica echar una mirada a nuestras raíces: la historia de nuestros padres y de nuestros ancestros, y a veces la historia de nuestro país.

Nuestros valores son nuestro "blindaje" ético

Es necesario que te valores a ti mismo. Lo lograrás si sabes cuáles son tus valores. De esta manera atraerás a personas con valores parecidos y será más fácil tener buenas relaciones con ellas. La ley de la atracción asevera: "Si te valoras y te cuidas vas a atraer buenos colaboradores, clientes y socios".

Los valores son una base importante para la conciencia de prosperidad; al tomar conciencia de ellos, nos damos cuenta del valioso legado que hemos recibido de nuestros ancestros y de nuestra familia de origen (como sus valores estaban esencialmente al servicio de la vida, lograron heredarnos la vida que tenemos). Es asombroso, y parece un verdadero milagro, pero no pudo haber faltado ninguna persona en nuestro clan de aproximadamente 7 500 generaciones, durante los aproximadamente 150 000 años de humanoides, y tampoco pudo haber faltado ningún evento en la vida de nuestros ancestros, para que la vida nos fuera transmitida a través de cada uno de ellos y, finalmente, de nuestros padres. Gracias a todos ellos estamos vivos y podemos disfrutar la vida que nos legaron. Por eso, nuestros padres son únicos y los correctos; son los únicos que nos pudieron haber dado la vida, y por eso son los correctos (no por su carácter o sus fallas o sus cualidades).

La prosperidad se alcanza cuando encontramos nuestros valores porque nos motivan. Cada uno tenemos una colección de valores a los cuales somos leales —consciente o inconscientemente—, porque los aprendimos en nuestra familia y queremos seguir perteneciendo a esa familia. Si no somos fieles a esos valores, sentimos que estamos traicionando a nuestro clan.

Vale la pena tomarse unos minutos para elaborar una lista de esos valores. Cuando nos volvemos conscientes de ellos, podemos caminar hacia nuestras metas con un blindaje seguro porque estamos conectados con los valores al servicio de la vida.

En este sentido podemos decir que la ecuación para el trabajo y la prosperidad —es decir, la ecuación del éxito— es la siguiente:

Ecuación del éxito y de la prosperidad

MIS VALORES (lo que valgo)
+ MIS PLACERES (lo que disfruto, lo que me gusta hacer)
―――――――――――――――――――――――――――――
= MI "TRABAJO" (para mí es mi vocación, mi placer, la manifestación de mis valores, ¡y me pagan por hacerlo!)

Cuando se logra vivir con esta fórmula, el dinero llega por sí solo.

LA LEY DE LA ATRACCIÓN

Existen leyes que rigen nuestro universo. Una de ellas es la ley de la atracción, la cual encontramos desde el nivel molecular hasta el astronómico. Se trata de una fuerza que siempre está presente regulando millones de procesos en el mundo y en la vida de cada persona. Según esta ley, cada uno de nosotros tiene lo que está en su pensamiento, en su mente, en su hablar y en su hacer.

La ley de la atracción, que enseña y estudia la física, afirma que cada átomo de nuestro cuerpo responde constantemente a los impulsos externos del medio ambiente, y a los impulsos internos de la mente y de las emociones.

Uno de los principios clave de esta ley es que todo atrae a su igual: todo aquello en lo que concentramos nuestra atención se expande y viene hacia nosotros. De ahí que hablemos de una buena o una mala racha. Aunque prevalece la insistencia en el "pensamiento positivo". Un ejemplo muy claro de esta afirmación es la conocida película *El secreto*. Como se puede observar en la vida cotidiana, la práctica del pensamiento positivo no parece funcionar para todos. ¿Por qué? Porque nuestro inconsciente puede estar atrayendo todo lo contrario de lo que deseamos a nivel consciente.

Las ideas y las creencias negativas que han formado parte de nuestro sistema familiar son más poderosas que el simple hecho de repetir una y otra vez una frase positiva, y pueden estar tan ocultas, inconscientes y desconocidas, que ni siquiera sospechamos que existen. La conciencia de prosperidad, o su ausencia, surge desde lo más profundo de nuestro ser, así que es necesario echar una mirada hacia nuestro pasado porque ahí puede estar el obstáculo que nos impide alcanzar el éxito.

Para lograr la prosperidad necesitamos enfrentarnos a los eventos trágicos de nuestra vida y de nuestra familia y descubrir dónde hay alguien excluido o no honrado, y dónde están nuestras lealtades, para poder subsanar esa carencia.

¿Cómo podemos transformar nuestro pensamiento y nuestra realidad? LA MEJOR MANERA DE TRANSFORMAR EL MUNDO ES TRANSFORMÁNDONOS A NOSOTROS MISMOS.

Un cuento sufí narra que un gran maestro cumple 90 años y hay una gran celebración en su honor. Le preguntan: "Venerable maestro, ¿qué ha hecho para llegar a esta edad y estar tan bien conservado?" Él responde: "Miren, estimados amigos, los primeros 30 años de mi vida quise cambiar el mundo, así que luché en todas las revoluciones para lograrlo, hasta que me di cuenta de que eran muchas personas por quienes quise hacerlo. Los siguientes 30 años me dediqué a cambiar a mis familiares, a mis amigos y a mis alumnos, hasta que me di cuenta de que aún eran muchas. Así que los últimos 30 años los he empleado en cambiar yo mismo, ¡y aun así me falta mucho por hacer!"

Sin embargo, muchas veces el cambio nos inspira algo de miedo. Por eso, antes de proponernos cambiar, es importante que reflexionemos sobre lo que queremos conservar. Humberto Maturana afima que todo cambio se da en torno a lo que se quiere conservar. ¿Tú qué quieres conservar al hacer este cambio hacia el éxito y la prosperidad? ¿La paz interna, tu familia, tu pareja, tu salud, tus amigos, tu tiempo libre…?

El segundo paso para lograr un cambio es hacer visible aquello que está oculto o inconsciente, pues ahí está el verdadero proceso de la persona que quiere vivir una vida exitosa, próspera y plena: mirar atrás, hacia el pasado, con valentía, a pesar del miedo de encontrarse nuevamente con el dolor añejo y con la historia no resuelta de los padres y los ancestros, y a pesar del temor a "traicionar" las viejas lealtades. Hay que aprender que el verdadero sentido de vida del adulto es vivir la vida con plenitud, recordando y honrando a nuestros ancestros, y al servicio de la vida, que siempre está conectado con el amor.

¿De dónde provienen los obstáculos para la prosperidad?

No tener éxito ni prosperidad suele ser consecuencia de creencias e imágenes inconscientes. De acuerdo con Phil Laut, autor de *El dinero es mi amigo*, tenemos una serie de obstáculos que evitan que el dinero llegue a nosotros y permanezca en nuestras manos. Es importante reconocer esos obstáculos para tomar conciencia y poder elegir algo diferente, para obtener resultados diferentes. Nuevamente, como dice Albert Einstein: "Para tener resultados diferentes, hay que pensar diferente"; no podemos resolver los problemas de hoy con la misma energía con la que los creamos ayer: necesitamos cambiar para modificar las condiciones de nuestra vida y alcanzar la riqueza y la prosperidad.

Paralelamente, desde las constelaciones familiares, se ha observado que estas creencias y estas imágenes muchas veces tienen relación con lealtades invisibles e identificaciones con las vidas o los destinos de otros miembros de nuestra familia, y se manifiestan a través de estos obstáculos. De ahí que sea necesario mirar el pasado y a la familia, para poder cambiar esas dinámicas que, cuando las sufrimos, casi se convierten en leyes porque tienden a repetirse constantemente. Y este cambio sólo se puede lograr a través de la conciencia.

Pocas veces nos han enseñado a admirar los valores de los ricos y muchas personas ven con malos ojos a quienes lo son. En el fondo, piensan que el dinero en sí mismo, así como poseerlo, es malo, sucio y asunto del demonio. Nunca admiramos a los ricos. La frase: "Es más fácil que pase un camello por el ojo de una aguja, que entre un rico al reino de los cielos", ha sido interpretada como si tener dinero fuera un pecado. Lo cierto es que quien tenga esta creencia, difícilmente podrá recibir y conservar el dinero.

Las ideas acerca del dinero fueron inculcadas durante nuestra infancia y frecuentemente de manera negativa. La mayoría de los padres no hablan de su éxito económico frente a sus hijos. Generalmente, éstos escucharon quejas sobre la falta de dinero y recuerdan que sólo se hablaba del tema de manera negativa, de su escasez y como motivo de los padres para discutir y pelear.

Muchas frases repetidas durante nuestra infancia se

han quedado grabadas en nuestra mente y ejercen una fuerte influencia sobre nuestra situación económica, porque de esa manera estamos guardando lealtad a nuestros padres o a quienes nos educaron. Frases como las siguientes: "El dinero no compra la felicidad", "El dinero corrompe", "Cuando entra el dinero, sale el amor", nos han programado para rechazar inconscientemente la riqueza. Lo que presenciamos en nuestra familia o hemos observado en nuestros padres, junto con todas sus frases, nos han hecho concluir que el dinero es algo malo porque ha sido la causa de pleitos en la familia.

Cuando éramos niños hacíamos lo que nos ordenaban porque queríamos obtener la aprobación de nuestros padres y hacer méritos para ganar el derecho de pertenecer a nuestro clan. Con el tiempo, esta práctica se volvió automática y continuamos haciendo cosas para ganar su aprobación, aunque ya no estén presentes, pero siguen dentro de nosotros.

Otras creencias que nos afectan para tener éxito son las imágenes colectivas. Últimamente escuchamos con mucha frecuencia que hay crisis, no sólo en el país, sino en el mundo. Muchas personas, al oír esto, han asumido la crisis antes de que verdaderamente las afecte, porque la economía, como dice Humberto Maturana, es más bien psicología. Viven su propia crisis, paralizándose, porque han aceptado de antemano la autoridad de quienes la han anunciado, tal como aceptaron lo que sus padres les dijeron.

Hay una anécdota: la Muerte manda a la Peste a una ciudad y le ordena que mate a 50 000 personas. Cuando la Muerte le pide cuentas a la Peste, ésta le informa a aquélla que ya han muerto 100 000 personas. Por ese exceso, la Muerte le reclama a la Peste, y ésta le responde: "Yo cumplí sus órdenes; maté a 50 000 personas, los otros 50 000 se murieron de miedo".

Por lo expuesto en los párrafos anteriores, es necesario tomar conciencia de las ideas que obstaculizan nuestros propósitos para obtener la abundancia, y sacarlas a la luz. De esta manera podremos decidir si los cambiamos. Se puede hacer una pequeña prueba con la siguiente pregunta: ¿qué pasaría si de pronto nos volviéramos millonarios? Es probable que inmediatamente nuestro cuerpo reaccione con nerviosismo. Esa sensación corporal es una señal de que hay algo en nosotros que se opone a la idea.

Las imágenes y las ideas negativas sobre el dinero y los ricos crean un sentimiento legítimo de rechazo hacia ellos, basado en nuestros valores, lo que nos impide recibir la riqueza y desarrollar la prosperidad.

Por otro lado, uno puede repetir constantemente ideas positivas sin que produzcan un cambio esencial. Necesitamos comprender que el condicionamiento paterno y familiar es mucho más que meras ideas y creencias; son la expresión y la manifestación de nuestras lealtades invisibles.

Hemos visto que es indispensable superar estas lealtades y el condicionamiento mental para lograr el éxito. Pero para ello necesitamos reconocer y hacer conscientes estas ideas, imágenes y creencias, y abordarlas para cambiar cada una de ellas.

Esta toma de conciencia requiere valentía y crecimiento interno para hacernos responsables, dejar de seguir los mandatos del pasado y comenzar a comprender que lo más importante del tiempo que se ha ido no es lo que sucedió, sino la fuerza que nos ha dado y que nos convirtió en las personas que somos hoy, con nuestras limitaciones y con nuestra grandeza.

Quisiera invitarte a reflexionar sobre la siguiente frase: "El apego al dinero es asunto del demonio". Un rico próspero no tiene ese apego.

Con mis cursos y con este libro, te invito a que te conviertas en una persona rica y próspera, que el dinero sirva para cubrir tus necesidades y tus deseos, y que esto te permita poner lo demás en circulación, para el bien de todos, como dice el libro del *I-Ching,* que tiene más de 4 000 años de antigüedad. Pero, ¿cómo hacerlo? Poner el dinero en circulación es delegar en otras personas mejor capacitadas las funciones que uno ya no quiere ni puede hacer, es decir, creando empleos al servicio de la vida, que den de comer a familias enteras con dignidad.

El cambio significa salir de tu zona de confort

Para obtener resultados diferentes hay que pensar y actuar de manera diferente, superando los viejos paradigmas aprendidos generalmente de padres, familia y maestros.

Todos buscamos seguridad, y en el aprendizaje sobre el trabajo la mayoría entendió que lo más seguro es ser empleado y recibir un sueldo seguro cada quincena. Sin embargo, hoy en día la realidad es diferente porque cualquiera puede ser despedido en cualquier momento y quedarse sin nada en la bolsa. Muchas personas eligen la opción de emplearse porque representa su zona de confort, a la que no quieren renunciar por no asumir riesgos.

Es importante diferenciar entre los diversos tipos de riesgos que se pueden enfrentar. Uno es el riesgo peligroso, como cuando una persona se sube al automóvil de alguien que maneja ebrio. Otro riesgo es aquel que atenta contra la dignidad, cuando lo que se nos pide actúa en contra de nuestros valores y, por ende, de nuestro honor y de nuestra dignidad.

En este libro, te quiero invitar a tomar un riesgo creativo, es decir, a cambiar tu estado de escasez e insuficiencia por uno de riqueza y prosperidad. Quienes han tenido éxito se han arriesgado una y otra vez de manera creativa.

El riesgo más grande ya lo asumimos al salir de nuestra zona de confort primaria (el vientre de nuestra madre), el riesgo implicado en el proceso de nuestro nacimiento, cuando tanto el bebé como la madre pudieron haber muerto. Y aquí estamos: vivos. Además, muchos de nosotros ya experimentamos heridas, dolores y eventos trágicos… Y estamos vivos; haber sobrevivido nos da la fuerza para enfrentar este nuevo riesgo, creativo como la vida que nos dio nuestra madre, junto con nuestro padre. El miedo al cambio es, en realidad, miedo a salir de nuestra zona de confort.

Hay un hecho interesante: no importa cuánto nos aferremos a nuestra zona de confort, tarde o temprano la vida nos sacará de ahí, ofreciéndonos oportunidades.

Las oportunidades pasan frente a nosotros una y otra vez, pero desde nuestra cueva segura no las vemos porque cerramos las puertas de nuestra casa en lugar de mantenerlas abiertas, para no salir de la zona de confort. Cuando tomamos la decisión de volvernos ricos, después de haber reconocido nuestros obstáculos, y decidimos hacer otra cosa, las oportunidades comienzan a hacerse visibles.

2

Las constelaciones familiares, los enredos sistémicos y la prosperidad

Los sistemas

La teoría general de los sistemas es una disciplina científica cuyo objetivo es la formulación de principios válidos para los diferentes tipos de sistemas. Un sistema es un "conjunto de elementos en interacción". Aplica igual a sistemas de familias que de organizaciones privadas y públicas, negocios y empresas. Con esta teoría se han podido explicar muchos fenómenos sociales para los que la ciencia no había encontrado respuestas.

Asimismo, se ha descubierto que hay leyes generales que aplican a cualquier sistema, sin importar las propiedades particulares de éste, sus elementos y las reacciones o fuerzas que reinan entre ellos. A través de estas leyes cada sistema tiende a autorregularse con el fin de garantizar su supervivencia y mantener su equilibrio.

Más allá de nuestra individualidad, y sin importar dónde nos encontremos, siempre formamos parte de varios sistemas. Además de la familia en la que nacimos, pertenecemos a un grupo de trabajo, a una comunidad y a un país, y a veces a una agrupación en la que participamos. Todos estos conjuntos de personas son sistemas y, dado que un sistema es un conjunto de elementos en interacción, nos encontramos conectados a todos sus integrantes, interactuando con ellos.

De todos los sistemas a los que pertenecemos, el de nuestra familia es el más importante: primero la familia de origen en cuyo seno nacimos y, posteriormente, la familia actual que formamos con nuestra pareja. Cada familia tiene una historia singular marcada por la vida de sus miembros, por los eventos y los acontecimientos, por sus tradiciones y sus costumbres, así como por un sistema de valores, principios, creencias, idioma, religión y prácticas compartidos. Toda esta historia se transmite de generación en generación y tiene una influencia en nuestra vida que es más profunda de lo que suponemos, sin importar qué tanto sepamos de ella.

Esto es así porque en un sistema familiar cada uno de sus integrantes está conectado a los demás: a los vivos, a los muertos, a los que conocieron y a los que nunca conocieron, en particular a los excluidos, a los olvidados y a los injustamente tratados.

Dentro de cada sistema familiar y social, la conducta de cada uno de sus integrantes influye sobre los otros y, al mismo tiempo, recibe su influencia, ya sea favorable o desfavorable. Así, lo que nuestros antepasados vivieron afecta nuestro desarrollo, nuestras acciones, nuestros éxitos y nuestra prosperidad. De igual manera, nuestras acciones, decisiones y experiencias tendrán influencia en los demás miembros de la familia, primordialmente sobre los que nos suceden como hijos, nietos y bisnietos.

Podemos observar que en cada familia hay características propias del sistema, patrones de interacción que trascienden la individualidad de sus miembros porque están interconectados transgeneracionalmente.

Bert Hellinger y las constelaciones familiares

Bert Hellinger observó que cada sistema familiar tiene una conciencia reguladora y que existe un orden de amor en las familias que se transmite de generación en generación. De ahí aprendió que, cuando este orden se sigue en las familias y en los clanes, hay más armonía entre sus miembros. También identificó que, al transgredir este orden, se genera sufrimiento.

Transgredir el orden significa actuar desde el amor ciego que tenemos como hijos cuando permanecemos internamente pequeños frente a nuestros padres y familiares, queriendo ayudarlos en sus destinos; por otro lado, identificándonos inconscientemente con otro miembro de la familia actual o de origen (por ejemplo, con un hermano que está viviendo o vivió una vida difícil o un destino trágico, o con alguien de otra generación).

Todos ocupamos un lugar en nuestro sistema en el que cada cual está vinculado con los demás miembros, ya sea que estén vivos o muertos. La identificación con miembros familiares del pasado que tuvieron diferentes destinos influye en nuestra manera de vivir, de pensar y de sentir, así como en nuestros logros. No darnos cuenta de esta identificación también puede afectar nuestra salud y nuestras relaciones con los demás y con el mundo. La historia de una familia puede cambiar de manera radical con algún acontecimiento trágico. Usualmente, recordamos y hablamos de los eventos que consideramos placenteros. Asimismo, hay familias que han vivido acontecimientos que ocultan y de los que no hablan, convirtiéndolos en secretos con efectos que se manifestarán, tarde o temprano, en algún miembro de familia.

Gran parte de nuestras dificultades, especialmente las recurrentes, tienen su origen en un pasado en el que ni siquiera estuvimos presentes. Los hechos y las circunstancias de la vida de alguno de nuestros abuelos pueden afectar ahora nuestra vida y provocar conflictos de diversa índole.

Generalmente existen causas desconocidas de lo que nos sucede, las cuales tienen su origen en la historia de nuestros antepasados. Sólo accediendo a estas dinámicas ocultas, inconscientes, a través de la toma de conciecia, podemos reconocer su origen y encontrarles solución. Esto es posible gracias a las constelaciones familiares (en alemán *Familienaufstellung*) de Bert Hellinger. La ventaja de esta técnica es que es muy accesible y breve;

a veces, en una sola sesión, se puede determinar el diagnóstico y llegar a una solución.

Hellinger basa su método de las constelaciones familiares en la fenomenología, una corriente filosófica cuya premisa es que la experiencia debe ser descrita simplemente como se da, sin analizarla ni interpretarla con prejuicios o creencias previas; es decir, mediante la observación pura del fenómeno, libre de intenciones y juicios, desde un espacio interno vacío. En la fenomenología las cosas se ven tal como son, dándose por sentado que el mundo es como es. Se utilizan la observación y la percepción para entrar en contacto directo con lo que se muestra para captar su esencia.

Su enfoque es transgeneracional, ya que subraya la importancia y la influencia de las diferentes generaciones. La convivencia y el funcionamiento familiar se rigen por un conjunto de leyes naturales, que Hellinger ha llamado "órdenes del amor". Este hombre se refiere a la conciencia del grupo que supervisa el equilibrio entre el dar y el tomar en los miembros de diversas generaciones.

Milton Ericsson tuvo una fuerte influencia en Hellinger, en especial en el trabajo con la narrativa del individuo, las prescripciones terapéuticas y paradójicas y el uso de los desafíos terapéuticos y de los cuentos.

Otra herramienta importante en esta técnica son las señales a nivel analógico o corporal, que sirven como guía al facilitador de una constelación para observar lo que se manifiesta físicamente. El lenguaje corporal incluye la postura, los gestos y la expresión facial, así como lo verbal a través de la modulación de la voz, la secuencia, el ritmo y la cadencia de las palabras.

Lo que Hellinger desarrolló es un procedimiento eficaz para la solución de una gran gama de problemas recurrentes en las familias y en los grupos humanos, como son ciertos comportamientos, enfermedades y eventos que se repiten generación tras generación.

De la terapia familiar breve Hellinger rescató el enfoque de privilegiar la solución sobre el problema. Una constelación saca rápidamente a la luz la dinámica oculta o inconsciente que ha dificultado y obstaculizado la vida del individuo o del grupo. Al descubrirse el síntoma del consultante, o de todo el sistema, y si la persona que consiela está abierta a una nueva visión, pueden tomarse acciones diferentes que crearán resultados distintos.

Más adelante, Hellinger descubrió que las mismas leyes aplican para cualquier sistema compuesto por grupos de personas. Las dinámicas que se dan en las empresas, pequeñas o grandes, son muy similares a las familiares y, en muchos casos, el resultado de dinámicas de la familia trasladadas a los centros de trabajo.

El campo morfogenético

Existe un campo de energía que mantiene unidos a todos los miembros de una familia, una tribu, un centro de trabajo, una comunidad y un pueblo. Rupert Sheldrake define a estos campos morfogenéticos como "patrones o estructuras de orden que organizan no sólo los campos de organismos vivos, sino también de cristales y moléculas. Estos campos son los que ordenan la naturaleza. Hay muchos tipos de campos porque hay muchos tipos de cosas en la naturaleza…"

En sus estudios, Sheldrake sugiere que "la regularidad y el orden que vemos en la naturaleza —el tipo de orden que se ve reflejado en la forma de los animales y las plantas, y los patrones que experimentamos con nuestros sentidos— no reflejan tanto leyes eternas que se hallen de algún modo fuera de la naturaleza, sino que dependen en mayor grado de lo que haya ocurrido antes en el mundo. Lo que ha sucedido en el pasado influye en lo que está sucediendo ahora […] La conexión entre pasado y presente es tal que el pasado parece apoyarse en el presente, condicionando todo lo que ocurre".

Sheldrake retoma el concepto de los campos morfogenéticos del científico ruso Alexander Gurwitsch. Dicho concepto surgió en 1922 para explicar la conexión entre el pasado y el presente: "Los campos morfogenéticos presentes a través del tiempo serían determinados por lo que ha ocurrido antes en esa especie. La forma influiría en la forma; las formas y los patrones de organización del pasado se harían presentes en sistemas similares, de modo que una especie se vería influenciada por y conectada con todos sus miembros anteriores".

Así, explica la evolución simultánea de la misma función adaptativa en poblaciones biológicas que se encuentran separadas por grandes distancias. A este proceso Sheldrake lo llama resonancia mórfica, y sugiere ideas nuevas como que la totalidad del pasado se encuentra simplemente presente en todas partes todo el tiempo y de manera simultánea; y las cosas que de manera habitual consideramos como pertenecientes al pasado distante, de hecho influyen directamente en el presente.

La hipótesis de la resonancia mórfica sugiere el modo en que se repiten patrones y formas en la naturaleza: "Un acto creativo es irrepetible porque, debido al hecho mismo de haber ocurrido, influirá en todo lo que suceda con posterioridad. Nada se puede hacer de nuevo por primera vez, pues ya ha ocurrido una primera vez, y esa primera ocasión influirá en las subsiguientes".

De acuerdo con la resonancia mórfica, estamos sintonizados con el inconsciente de otras personas. Nuestras ideas y nuestras actitudes pueden influir a distancia sobre otros, sin que ellos ni nosotros lo sepamos, y aparentemente sucede algo parecido hacia el pasado, de lo cual se podría inferir que también se extiende hacia el futuro.

Cada sistema se mueve en un campo mórfico que actúa como una memoria en la que se encuentra toda la información importante del sistema. Cada uno de sus integrantes está en resonancia con este campo participando de todo el conocimiento y de todos los sucesos relevantes. Sin darnos cuenta, nos vemos influidos por ideas y actitudes de otros. Somos parte del campo morfogenético de cada uno de los sistemas a los que pertenecemos.

En el trabajo de las constelaciones familiares de Bert Hellinger se refleja esta hipótesis de los campos mórficos, definidos por Albrecht Mahr como campos del saber o campos con memoria.

La conciencia familiar

De acuerdo con Hellinger, la conciencia familiar actúa como supervisora del equilibrio entre el dar y el tomar dentro del grupo transgeneracional como un todo. Vincula a todos los miembros y vigila que cada uno tenga su buen lugar, es decir, que nadie sea olvidado, excluido o injustamente tratado. Se ha observado que lo que no fue saldado en una generación, pasa a la siguiente para ser saldado por otro miembro del grupo, generalmente alguien que llegó después. Esto es así porque existe la ley de que nadie puede ser excluido y, cuando se excluye a un miembro, esta conciencia busca compensar el desequilibrio o la exclusión y restablecer la totalidad. Esta compensación recaerá en un miembro posterior del grupo, quien inconscientemente retomará el asunto no resuelto y representará a la persona que fue excluida, repitiendo su vida y su destino.

Mientras no sea resuelta o acomodada, es decir, mirada, honrada e integrada, esta dinámica muestra sus efectos a lo largo de varias generaciones en las familias.

La conciencia grupal vigila el orden en sus tres aspectos: el derecho de pertenecer, el orden en cuanto a que los que estuvieron antes tienen prioridad sobre los posteriores, y el equilibrio entre el dar y tomar.

Esto es diferente a nuestra concepción tradicional sobre el orden y la compensación de la conciencia individual. En el enfoque de las constelaciones familiares, la conciencia del grupo se sirve de los posteriores para restablecer el orden y la justicia transgredidos en generaciones anteriores. Ante un evento trágico o una culpa entre los anteriores, esta conciencia colectiva, aunque parezca injusto en un nivel, se sirve de los que llegaron después para compensar y restablecer la justicia en otro nivel o generación anterior. Las constelaciones sirven para cerrar el evento en el pasado del grupo familiar para liberar a los posteriores de la repetición de tales eventos en el presente y el futuro.

La conciencia familiar procura mantener la totalidad del sistema. Por esta razón, cuando se excluye a alguien de la familia, por las razones que sean, o cuando se le olvida, esta conciencia busca restablecer la totalidad eligiendo a alguien nacido posteriormente, que inconscientemente se identificará con aquella persona, repitiendo su vida y su destino para volver al equilibrio del sistema, donde cada uno tiene un buen lugar. Es necesario saber que esta conciencia existe y entender cómo opera para comprender el origen de muchos de nuestros bloqueos y dificultades, los cuales se basan en compensaciones y expiaciones originadas en el amor ciego.

La familia se ve afectada profundamente por todos los eventos significativos que ocurren en el transcurso de su vida y en el transcurso de la vida de los padres y los ancestros. Muertes prematuras, suicidios, accidentes, herencias mal manejadas, relaciones conflictivas, asesinatos, guerras, enfermedades psiquiátricas, encarcelamientos, adopciones, incestos y otras situaciones difíciles son ejemplos de los sucesos que quedan impresos en el campo morfogenético de las familias. La conciencia familiar se servirá de las siguientes generaciones para compensar y restablecer el equilibrio.

En especial, son los más débiles del grupo quienes se encargan de saldar las cuentas pendientes, es decir, los niños. Desde sus sentimientos primarios, los menores adoptan sentimientos de otros miembros de la familia, repitiendo las vidas (a través de la identificación con ellos) de quienes fueron olvidados, excluidos o injustamente tratados para así asegurar su pertenencia al clan. Esta identificación se lleva a cabo aunque no los hayan conocido personalmente, y a veces sin saber de ellos. Este impulso surge desde su amor ciego: amor, porque es incondicional, y ciego, porque no puede reconocer que los hermanos muertos, los padres y los ancestros no desean que nadie repita sus destinos, sino que quieren ser mirados y reconocidos; necesitan nuestro reconocimiento por la vida que nos dieron y quieren ser honrados. ¿Y cómo se les honra? ¡Teniendo éxito y prosperidad!

De la misma manera, las buenas acciones de nuestros ancestros fortalecen y armonizan la familia influyendo de manera positiva en nuestra vida y en la de nuestros hijos, constituyéndose así en nuestros recursos.

La conciencia familiar es más fuerte que la personal. Es arcaica y más vieja, pues viene desde nuestra historia tribal, donde el grupo es más importante para la sobrevivencia que el individuo. Solamente podemos reconocer esta conciencia familiar mediante los efectos que muestra a lo largo de muchas generaciones. Es un mérito de las constelaciones familiares que puedan surgir a la luz sus dinámicas para volverlas conscientes y visibles. En una constelación, lo que vemos es la imagen del sistema familiar y las dinámicas ocultas por las cuales las fuerzas de la conciencia familiar están actuando de cierta manera. Así, se revela lo que estaba oculto y, al descubrir la dinámica, se obtiene una visión diferente que puede llevarnos a hallar una solución distinta. Lo mismo ocurre cuando hacemos la constelación de nuestro trabajo, de nuestro negocio o de nuestra empresa.

El derecho a pertenecer

Como hemos podido observar, el sistema familiar se rige por el derecho de pertenencia o vinculación, por el equilibrio entre dar y recibir, y por el orden y las jerarquías. Si no se cumplen estas tres condiciones, no se logra el equilibrio en una familia, en una relación o en una empresa. El cumplir o transgredir estas condiciones se manifiesta por una sensación de culpa o inocencia. Por lo tanto, la buena conciencia se percibe por la sensación de bienestar e inocencia, y la mala conciencia por sentimientos de culpa y malestar.

La necesidad y el anhelo de pertenencia o vinculación a nuestro sistema familiar no es solamente un sentimiento individual, sino universal. Se trata de nuestra sobrevivencia, ya que asegura la vinculación a la familia de origen y a los grupos importantes en nuestra vida.

La conciencia personal vigila que cuidemos esta pertenencia. Siempre que hacemos algo que arriesga la pertenencia a nuestros grupos esenciales, nos sentimos mal, tenemos una mala conciencia, la cual es tan desagradable que generalmente cambiamos de conducta para asegurar nuestra pertenencia.

El niño se integra sin cuestionamiento a su grupo de origen, con todo y las consecuencias que pueda tener en su vida, y depende de él con una fuerza y un compromiso que se asemejan a un sello. Siente esta vinculación como amor y felicidad, independientemente de quiénes y cómo sean sus papás. Por eso encontramos niños que, a pesar de sufrir el maltrato de sus padres, permanecen leales a ellos.

El niño sabe que pertenece a ese grupo familiar. Este conocimiento y este vínculo es el amor: el amor original o primario. La vinculación es tan profunda que el niño está dispuesto a dar su vida y su felicidad por ella.

Se trata de un amor ciego por ser incondicional, lleno de pensamiento mágico y omnipotencia, que cree que puede ayudar a los padres y a otras personas queridas. Hellinger sostiene que detrás de todo comportamiento, aunque parezca extraño, siempre actúa el amor.

En la conciencia personal, la necesidad de inocencia en la vinculación es la más profunda de todas y tiene prioridad por encima de la razón y de la moral. La inocencia en este sentido no significa otra cosa que estar seguro de pertenecer. Para tener esta sensación de inocencia los niños dan todo; la pertenencia se vuelve más importante que la propia vida y la sensación de inocencia se transforma en felicidad.

Al sentir que pertenecemos, experimentamos la vinculación como inocencia y felicidad, y la exclusión es vivida como culpa o malestar. Uno tiene buena conciencia si se comporta de manera que pueda estar seguro de tener el derecho a pertenecer al grupo. Tenemos mala conciencia cuando nuestro comportamiento nos hace temer la pérdida del derecho de pertenecer a nuestro grupo. En este caso, la culpa se siente como miedo a la exclusión y al alejamiento, y la inocencia, como pertenencia e inclusión.

El equilibrio entre dar y tomar

Cada uno de nosotros tenemos la necesidad de llegar a un equilibrio entre dar y tomar, lo cual nos hace buscar siempre la compensación. Cuando recibimos algo nos sentimos comprometidos, en deuda. Y eso nos lleva a dar algo a cambio para compensar lo recibido. Así ocurre el intercambio.

La necesidad de compensar también existe cuando se trata de algo doloroso o difícil. Cuando alguien nos hace algún mal queremos compensar mediante la venganza, porque queremos volver al equilibrio; sin embargo, en este caso es aconsejable dar un poquito menos del mal recibido.

Cuando recibimos algo de la otra persona, aunque sea bueno, perdemos un poco de nuestra independencia. Entonces surge la necesidad del equilibrio y, para compensar, se devuelve preferentemente un poco más, lo cual causa un nuevo desequilibrio en dar y recibir. Y así sucesivamente, siempre dando un poco más de lo que se haya recibido, porque así crece el amor.

Cuando se alcanza el equilibrio, cuando uno devuelve exactamente lo que ha recibido, una relación puede terminar (como cuando uno compra algo), o se puede retomar el proceso mediante un dar que siempre va en aumento (como en las relaciones en la familia, entre amigos y con la pareja).

Se puede observar que la felicidad depende de la cantidad del dar y el recibir "cosas" lindas; es decir, mientras mayor sea el intercambio de dar y recibir, habrá mayor vinculación, y por lo tanto una mayor felicidad, aunque esto implique una desventaja relativa para quien desea su libertad; en ese caso sólo dará y recibirá poco.

Muchas personas dan sin recibir, pero al hacerlo están comprometiendo al otro. Es importante no dar más de lo que uno está dispuesto a recibir, o de lo que el otro pueda devolver. Cuando el que recibe no puede o no quiere dar mucho, o no da nada a cambio, siente una urgencia de irse, de dejar la relación. Vimos el caso de una joven adinerada que inundaba a su novio con regalos costosos, con lo cual provocó en él una sensación de desigualdad y terminó la relación. Al no poder corresponder con regalos equivalentes a los que estaba recibiendo, no soportó el desequilibrio que lo dejaba en una posición de deuda.

Entre padres e hijos este equilibrio no es posible, porque los padres dieron la vida a los hijos. Los hijos no pueden devolver a los padres algo equivalente a la vida que les fue entregada, aunque así lo deseen. Por eso, los hijos siempre sienten una deuda con los padres. Ante esta situación, la solución es que los hijos den a otros (a sus propios hijos, a la siguiente generación o haciendo algo por otros).

A este respecto, Hellinger hace énfasis en el agradecimiento para restablecer el equilibrio con la siguiente frase: "Tomo con alegría y con amor: te honro". Quien agradece reconoce: "Me das, independientemente de que alguna vez te lo devolveré, y lo tomo de ti como regalo". A su vez, quien recibe el agradecimiento dice: "Tu amor y el reconocimiento de tu regalo son más que cualquier cosa que podrías darme". Es una pena que muchos padres, en vez de hacer esto, reclamen a sus hijos una deuda que nunca podrán pagar. Frases como: "Me debes la vida", mantienen a los hijos en desventaja de por vida y con la necesidad de compensar, lo cual muchas veces resulta en el fracaso de su propia vida.

Por otro lado, hay quienes se niegan a tomar o recibir para no asumir ningún compromiso; esta actitud produce un vacío cuya consecuencia es la depresión. En el trabajo con las constelaciones familiares se ha observado que en estos casos se trata de personas que no recibieron o no han tomado a uno o a ninguno de los padres.

Algunas personan llevan pequeños lastres a una relación (una discapacidad, un hijo antes del matrimonio con otra persona), pero si cada uno de los dos tiene un pequeño lastre, puede darse el equilibrio y la felicidad.

La necesidad de equilibrio dentro del sistema familiar es el motivo de la tendencia a compensar con sufrimiento o expiación de culpas (reales o imaginarias, propias o ajenas), o viviendo el destino desafortunado de algún otro miembro de la familia, del clan o de la comunidad a la que pertenece la persona. Inconscientemente se busca de esta manera el equilibrio —lo cual deriva en el sufrimiento—, en vez de encontrarlo mediante el amor, la honra, el éxito u otras acciones.

También, cuando alguien dentro del sistema acomete algo contra el otro, o cuando toma algo para sí mismo que daña o lastima al otro, o bien le provoca una desventaja, es necesario restablecer el equilibrio.

LA NECESIDAD DE ORDEN

La tercera necesidad es el orden del amor, es decir, que las relaciones en cada grupo sigan un cierto orden. Cuando nos desviamos de esta regla, generalmente hay sufrimiento.

La jerarquía es parte del orden, y éste tiene que ver con el lugar apropiado de cada uno en el sistema familiar o empresarial, y la jerarquía según su llegada al sistema.

En todo sistema existe una jerarquía entre sus miembros, que se determina básicamente por el tiempo de llegada. Por ejemplo, la pareja conyugal tiene prioridad frente a la pareja parental. Los padres tienen prioridad respecto de los hijos porque llegaron primero, al igual que el hijo mayor sobre el que le sigue. La prioridad entre hermanos se da por el orden en que fueron llegando y ninguno debe ser excluido, aunque no esté vivo.

Asimismo, en un negocio tiene jerarquía aquel que llegó primero, quien tiene mayor antigüedad. Cuando no se respeta este orden surgen problemas que afectan a todo el sistema.

Los padres merecen el reconocimiento por haber dado la vida, y solamente por eso. Así, lo que los padres hacen al inicio cuenta más que lo que hagan después. Lo esencial que recibimos de nuestros padres viene desde la fecundación y por el parto. Todo lo que los padres den después también pueden darlo otras personas.

En una familia, los padres dan la vida y los hijos la reciben de ellos. Por eso, es parte del orden que los padres sean los grandes y los hijos los pequeños, y que los padres den y los hijos tomen. Cuando un hijo rechaza a sus padres y no los toma les dice: "No los tomo tal como son". Este hijo no reconoce que recibió la vida justo de estos padres, que de ninguna manera puede tener otros, y que sólo ellos son los adecuados para él. El resultado es que ese hijo se sienta vacío. Por el contrario, cuando un hijo reconoce: "Éstos son mis padres y son los correctos para mí, tal como son", entonces abre su corazón y se siente completo y pleno, independientemente de cómo sean sus padres.

No basta con reconocer sólo a los propios padres sino también hay que mirar más allá de ellos. En los órdenes del amor, tras los hijos están sus progenitores y tras éstos los abuelos, los bisabuelos, etcétera. Para que cada uno de nosotros pudiera nacer, hubo una larga cadena de generaciones, de parejas que se vincularon de una manera u otra para transmitir la vida.

También es parte del orden reconocer el lugar que ocupa cada quien. Entre hermanos, está antes el que llegó primero, aunque no esté presente, haya muerto o sea medio hermano de una relación o un matrimonio anterior.

La pareja actual tiene prioridad frente a la pareja anterior, pero la pareja anterior estuvo antes en la vida del otro, así como los hijos que procrearon. Si la nueva pareja puede reconocer esto habrá paz en el nuevo matrimonio.

En una relación de pareja el hombre y la mujer son iguales y diferentes a la vez, y es parte del orden reconocer tanto sus semejanzas como sus diferencias.

A estas leyes de vinculación, equilibrio y orden Hellinger las llama los órdenes del amor. En las constelaciones familiares, estos órdenes surgen a la luz y podemos atestiguar cómo transgredirlos tiene un efecto perjudicial para los miembros de una familia.

La importancia del alma

Las constelaciones familiares no contienen ninguna religión, por eso se puede trabajar con ellas en una gran diversidad de culturas y de religiones.

Bert Hellinger utiliza términos como "la gran alma", "la fuerza superior" o "una fuerza más grande que nosotros" para referirse a la parte espiritual en la vida de los seres humanos; algo que es más grande que nosotros y que está relacionado con la creación y con el destino, con la vida y con la muerte. Ante esta gran alma nos sentimos humildes y sólo nos queda reconocer lo que es y asentir a todo: al pasado, al presente y al futuro. Si lo logramos, estamos reconciliados con todo y encontramos la paz. Esta gran alma está en constante movimiento, y con ella está la vida.

Hellinger también habla del alma humana que está en constante movimiento y al servicio de la vida. Quien se abre a estos movimientos del alma, quien se deja llevar por ellos, puede crecer más allá de sus limitaciones y dejar atrás su identificación con los destinos de otros miembros de la familia.

En las constelaciones familiares podemos observar los movimientos del alma y seguirlos. Se manifiestan a través de los movimientos de los representantes, quienes, a su vez, están en sintonía con las almas de las personas representadas. Estos movimientos siempre se dirigen hacia la reconciliación, en un sentido tan amplio que rebasa al individuo y a la misma familia, y llevan a la paz. Y cuando la persona está en paz su sistema entra en paz, tanto en el presente como hacia el pasado y hacia el futuro, liberándola de identificaciones, lealtades invisibles y enredos sistémicos. Solamente a partir de esta reconciliación, lo que antes estaba opuesto y separado se une; podemos vivir nuestro propio destino y nuestra propia grandeza y liberar fuerzas creativas para la autorrealización, el éxito, la felicidad y la prosperidad.

Dinámicas ocultas o enredos sistémicos

Muchos de los problemas recurrentes en nuestra vida se deben a dinámicas ocultas en la familia. Gran cantidad de conflictos y comportamientos no son explicables por la situación actual de una persona, sino que se remontan a distintos sucesos en su familia de origen, a vivencias de sus padres y de sus antepasados más lejanos, aun cuando estén muertos o no los haya conocido. Muchas personas no encuentran la causa de sus problemas, a pesar de sus múltiples recursos o de sus reflexiones que buscan el origen principalmente en la infancia. Esto se debe a que con frecuencia el conflicto viene de más atrás, de otra generación en su historia familiar.

Los eventos trágicos quedan en el campo morfogenético de la familia y, si no son resueltos o acomodados adecuadamente, se pueden manifestar en una cadena de destinos trágicos que también se llevan a la relación de pareja. Son estas dinámicas ocultas transgeneracionales lo que Hellinger llama enredos sistémicos.

Todos los miembros de una familia están vinculados entre sí con amor y lealtad. Por eso, lo que una generación deja sin resolver, la siguiente generación, inocente e inconscientemente, tratará de solventar o expiar, repitiendo, desde el amor y el deseo por pertenecer, temas o asuntos que en realidad no son su responsabilidad ni parte de su propio destino.

Existe la creencia de que a través del sufrimiento, de la expiación y hasta de la muerte se puede salvar al otro, aunque ya esté muerto. Éste es el pensamiento mágico que pertenece a nuestra personalidad de hijo pequeño, al amor ciego con el cual creemos poder hacer algo por nuestros mayores.

El amor ciego se manifiesta en conductas y en acciones para cambiar el destino de otro, generalmente a través de la identificación con el destino difícil de los padres o de los ancestros, lo que se refleja en la frase de diagnóstico: "Los sigo en su destino por amor" o "Te sigo a la muerte", lo que significa que la persona se va detrás de otra que ha muerto para compensar o expiar algo debido a la identificación con ella.

Cuando hubo una culpa, el pensamiento mágico es que la persona que sigue a la otra —muerta— podría expiar la culpa del familiar o del ancestro. Muchos expían las culpas por algún daño que un antepasado causó a otros. Es una dinámica frecuente y con ello el individuo no vive su propia vida libremente ni logra su autorrealización.

Otra dinámica es irse (morirse) en el lugar de otra persona, por ejemplo, de la madre o del padre, diciendo: "Mejor yo que tú", y puede orillar al suicidio, a un accidente o a una enfermedad grave. El amor ciego, con su pensamiento mágico, cree que se puede salvar al otro de su destino. Sin embargo, no se puede hacer nada, ni existe ese derecho; solamente se genera más sufrimiento.

El niño enredado en una dinámica así obtiene una ilusión de poder, se siente como el redentor, que se sacrifica por amor. Y como lo hace por amor, tiene una buena conciencia y se siente inocente al hacerlo. Sin embargo, la consecuencia es que generalmente este niño no florece, es decir, presenta síntomas desde la infancia y fracasa en la vida adulta. No le toca a un niño salvar a sus padres de esta manera, porque es como si el niño fuera más grande que ellos, a los cuales convierte de esta manera en "pequeños", transgrediendo los órdenes del amor, lo cual lleva siempre al sufrimiento.

Podemos estar implicados o enredados en el destino de nuestros padres, hermanos, abuelos o ancestros. Pareciera que estas personas vuelven a la vida y sienten y hablan a través de nosotros. Sin embargo, el testimonio de los representantes de aquellos familiares demuestra que éstos quieren ser mirados, reconocidos y honrados por nosotros. De esta forma pueden estar en paz y nos miran con ojos benévolos, dándonos su bendición para vivir nuestra vida y nuestro destino, para nuestra autorrealización, para alcanzar el éxito, el bienestar y la prosperidad en libertad.

Muchos de nosotros estamos enredados y enredamos a otros en un destino no resuelto, no cerrado, impelidos por nuestra inocencia, por lo que a veces nos volvemos culpables implicando a otros, inconscientemente, en un destino ajeno.

Mediante estas identificaciones inconscientes, los que vienen después repiten la vida de los que sufrieron desventajas, como si se tratara de un proceso de expiación. Hijos o hermanos sanos se enferman por sus padres, o como sus padres u otros hermanos o ancestros: los inocentes por los culpables, los felices por los desafortunados y los vivos por los muertos. Este tipo de amor es el amor ciego, incondicional, que caracteriza a esta vinculación y establece una conexión transgeneracional entre unos y otros.

Estas implicaciones sistémicas actúan más allá del nivel de nuestra conciencia y sólo percibimos sus efectos cuando nos damos cuenta de que obstaculizan nuestro desarrollo personal. El trabajo de las constelaciones familiares saca a la luz las dinámicas ocultas en las familias, que inconscientemente llevaban a la persona al sufrimiento, a la enfermedad e incluso a la muerte.

El constelador puede señalar el camino hacia una solución que también se basa en el amor, pero un amor adulto (que logra mirar, reconocer, agradecer y honrar, y soltar el afán de transformar el destino del otro) que se expresa de otra manera después, reconociendo de ese modo que se trata del destino del otro y que el propio es diferente. De esta manera, nos liberamos y tenemos a nuestra disposición toda la energía para nuestra propia vida y para nuestro propio desarrollo.

En una constelación podemos reconocer esta dinámica y la razón por la cual nos toma a su servicio. También, en la misma constelación, el amor ciego que busca la compensación mediante una expiación —que implica sufrimiento y fracaso— puede transformarse en amor adulto, consciente, a partir del cual se reconoce y honra el destino trágico del otro familiar, y se asume que el propio destino es diferente, con lo que el individuo se libera de las identificaciones con los destinos de otros y retoma su propio camino, vive su vida y logra así la prosperidad y la plenitud.

La lealtad invisible

Para ser miembro leal de un grupo, uno tiene que asumir una serie de actitudes para cumplir con los mandatos interiorizados de la familia. En este sentido, la culpa es un regulador importante, ya que cuando no se siguen los mandatos de la familia uno se siente culpable (tiene una mala conciencia). Un ejemplo de lealtad puede ser el mandato interiorizado que afirma que no es bueno tener dinero. Así, cuando un miembro consigue una buena cantidad de dinero, digamos que hace un buen negocio, no puede disfrutarlo. De manera inconsciente también podrá hacer algo para perderlo, aunque después le parezca que tuvo mala suerte o que lo robaron. Esto también es claro en los ganadores de la lotería: el 90 por ciento pierde todo lo que ganó al cabo de un año.

Los miembros de un grupo pueden comportarse de manera leal por los siguientes factores:

- La coerción externa. Por ejemplo, cuando pertenecen a un grupo, no por elección, sino porque alguien los obligó (adopción).
- El reconocimiento consciente de su interés por pertenecer al grupo. La afiliación voluntaria a una

organización en particular: un grupo religioso, un partido político, etcétera.
- La obligación de pertenencia que los liga de modo inconsciente. Es el caso de nuestro sistema familiar.

Los individuos de una familia tienen una deuda de lealtad compartida con los principios y las definiciones simbólicas del grupo. El compromiso de lealtad fundamental hace referencia al mantenimiento del grupo. El miembro leal lucha por alinear su propio interés con el del clan. Cuanto más digno de confianza o de confiabilidad ha sido el grupo con nosotros, tanto más le debemos.

Los orígenes de los compromisos de lealtad se inician a partir de algo que se le debe a un progenitor, o de una imagen interna de representación paterna. Los niños son leales a sus padres, por eso frecuentemente tienen dificultades para llevar una vida mejor que la de ellos y repiten los mismos patrones y mandatos sin poder superarlos.

Algo parecido sucede en los matrimonios: no sólo se unen la novia y el novio, sino también dos sistemas familiares de mérito de lealtades diferentes. El compromiso emocional con el propio cónyuge puede resultar secundario en relación con la deuda hacia los propios progenitores o el propio clan. Frecuentemente, los hijos sienten la obligación de compensar a sus padres, lo cual los priva del derecho a todo goce, a la felicidad, a vivir su propia vida y a tener éxito y prosperidad.

Existen compromisos de lealtad verticales, que van de una generación anterior a una posterior, y compromisos de lealtad horizontales, entre la pareja o entre hermanos.

En una familia, la lealtad también se expresa en el sentido de que cada miembro tiene el mismo derecho de pertenencia, independientemente de si está vivo o muerto.

La lealtad que inconscientemente guardamos a través de las identificaciones con otros miembros de la familia y sus destinos puede afectar nuestra posibilidad de obtener éxito y prosperidad en contra de nuestra voluntad o intención consciente. A pesar de que estas creencias heredadas de nuestros padres hoy en día nos obstaculizan, les somos leales inconscientemente. Esto se vive como si, cuando una persona empieza a tener éxito con su negocio, sintiera que está "traicionando" a la familia, siendo desleal a sus valores y a sus creencias. Con ayuda de las constelaciones familiares, lo que obstaculiza nuestra prosperidad sale a la luz, y ahí donde está el problema surge la solución.

Esto funciona también en la vida laboral porque, ya sea que se trate de un negocio individual familiar o de una gran empresa, trasladamos el tipo de relaciones que tenemos en nuestro sistema familiar a los compañeros de trabajo, superiores y subalternos.

Por otro lado, cada negocio es un sistema con una historia propia y, al igual que en las familias, hay un orden. Cuando éste es transgredido ocurren implicaciones sistémicas que impiden su buen funcionamiento y, por ende, sus resultados.

El impacto de la exclusión

La persona excluida, alejada, desplazada, difamada, desheredada, injustamente tratada, remplazada u olvidada se manifiesta a través de un síntoma en la familia. Alguno de sus miembros que llegó después entra en una lealtad invisible, oculta o inconsciente con esa persona y repetirá su destino aunque nunca la haya conocido, aun cuando no haya sabido de su existencia.

Por lo general es un hijo o un nieto quien de manera inconsciente representa a la persona excluida para que el sistema esté completo. Por ello, una de las líneas de trabajo más importantes en las constelaciones familiares es incluir a los excluidos, porque el alma de la familia no tolera la exclusión de ningún miembro del sistema.

Cuando en esta dinámica oculta un integrante de la familia está representando, sin saberlo, a un miembro anterior excluido, puede vivir sucesos trágicos, conflictos, síntomas, enfermedades, accidentes, fracasos, pérdidas u otros problemas recurrentes.

Al hablar de un miembro excluido nos referimos a alguien que cometió un delito y por eso nadie lo menciona, o a alguien que se ausentó o murió. Es común que en algunas familias no se hable de un bebé que murió antes de nacer o en el parto, y con el tiempo sea olvidado. También pudo haber sido demasiado fuerte el dolor para la madre o para ambos padres. Lo mismo sucede con muchos suicidios; el hecho es tan doloroso que no se habla de ese integrante de la familia, como si nunca hubiera existido.

Por ello, en una constelación se incluye a todos para que cada uno tenga su buen lugar. Se trata de un trabajo de inclusión que lleva a la reconciliación donde se restablece el orden. Donde hay este orden puede fluir el amor que lleva a la autorrealización, al éxito y a la prosperidad.

Los muertos

En muchos cultos ancestrales encontramos el culto a los muertos y, en especial, a los antepasados. En México sigue viva la tradición de la fiesta del día de muertos en la que se les recuerda y se les honra. Se les visita en los cementerios, se encienden veladoras para ellos y se les llevan regalos y flores. En muchos hogares todavía se colocan altares con sus retratos y sus alimentos favoritos.

Estas tradiciones no son una simple costumbre, sino que responden a una necesidad de las familias en las que hay una conciencia que supervisa que nadie sea olvidado. Vienen de tiempos en los que para todos los integrantes de una familia estaba muy clara la pertenencia de todos, tanto de los vivos como de los muertos.

Para la conciencia familiar, todos los muertos están presentes, así como también los olvidados, los excluidos, las víctimas y los victimarios.

Muchas veces, en las familias hay duelos no concluidos en torno a alguno de sus muertos. En las constelaciones familiares se puede observar que una persona se mueve hacia un fallecido, por ejemplo, cuando éste tuvo una muerte trágica o prematura. Para concluir el duelo de manera que la vida pueda continuar, se lleva a la persona a reconocer lo que es: que el otro está muerto y que ella está viva, que asuma lo que le fue dado por la persona que se fue, agradecerle, honrarla y así ponerla en el corazón, disolviendo de esta manera la identificación. Con esta integración, uno sigue viviendo la vida, dejando en paz a los muertos, haciendo cosas buenas en su honor y en su memoria, al servicio de la vida.

En las constelaciones familiares se observa que los representantes de los muertos que se fueron de una manera trágica, repentina o prematura de la vida, reportan que generalmente están en paz. Pareciera que necesitan que los vivos los honren y les muestren con su autorrealización que la vida continuó. Entonces, los muertos encuentran la paz y los vivos también. Los muertos irradian una energía benévola, como una bendición.

La muerte siempre llega de manera oportuna, aunque a veces no lo entendamos, sea porque ya no hay lugar para nosotros en este mundo o porque nuestro tiempo se acabó y hemos completado nuestra tarea. La muerte nos devuelve al origen del cual surge la vida y hacia el cual regresa. La despedida se logra cuando celebramos todo: vida y muerte, venida y partida; entonces estamos completos.

Víctimas y perpetradores

La víctima tiene derecho a la reparación. El culpable, a su vez, tiene que aceptar las consecuencias de sus actos.

Frecuentemente se excluye de las familias tanto a las víctimas como a los perpetradores, por vergüenza o por culpa. En las constelaciones familiares la solución se puede dar cuando consideramos por igual a las víctimas y a los victimarios. Reconocemos que detrás de ellos hay algo mayor que no podemos ver ni comprender: la gran alma. En ella, todos están juntos: las víctimas y los perpetradores.

Cuando en una familia un miembro fue asesinado, a veces otro miembro de la familia quiere vengarse. Esto lo inhabilita para realizar su trabajo de duelo y vivir la tristeza, lo cual tiene como consecuencia que no pueda despedirse de sus muertos y, por consiguiente, que nadie encuentre la paz.

Las víctimas muertas son reconciliadas por el dolor del perpetrador, y después, cuando hacemos un bien en su memoria, surge una fuerza de ellas hacia nosotros y hacia nuestros actos. Sin embargo, aun cuando el perpetrador hiciera un bien en honor de la víctima, esto no le quitaría la culpa, pues ésta permanecerá, es su responsabilidad y quedará en su conciencia.

Sin embargo, después de un tiempo de haber mirado a las víctimas y a los perpetradores, hay que despedirse de ellos porque todos tienen el derecho de estar en paz; el evento trágico que ocurrió entre ellos pasa a ser asunto del pasado.

Reconciliación y paz

Según Hellinger, la paz adviene cuando lo que estaba separado se une otra vez, cuando quienes antes fueron enemigos se encuentran y reconocen el sufrimiento que se han causado mutuamente, cuando se reconoce el dolor de ambos lados.

El conflicto es la condición previa para la paz. Sin embargo, a veces la conciencia que rige a un determinado grupo amenaza la paz porque es diferente a la conciencia del otro grupo.

La paz nos exige toda la fuerza y el valor. Hay que mirar de dónde podemos tomar esta fuerza para la reconciliación y la paz: está en nuestra propia familia. Cuando nos hemos reconciliado con cada miembro de nuestro sistema familiar, cuando están incluidos todos los que antes estaban excluidos, cuando cada uno tiene su buen lugar, entonces el sistema está completo y todos pueden vivir su propia vida, su propio destino. Finalmente están libres y tienen la fuerza y la energía del clan completo a su favor para lograr su autorrealización sin los límites ni los bloqueos anteriores.

Esta reconciliación que lleva a la paz es algo que nos damos a nosotros mismos y que tiene una amplia resonancia en todo el sistema familiar, en las relaciones con los demás, en el trabajo y en los negocios, lo cual nos libera para el éxito, la prosperidad y la plenitud.

3

Breve descripción de la metodología de una constelación

El trabajo con constelaciones generalmente se realiza en grupos que se colocan en un círculo. Algunas de las problemáticas presentadas se pueden resolver en ese momento, gracias a una intervención breve, pues el grupo forma, al mismo tiempo, un círculo de aprendizaje.

Por lo general, el facilitador elige entre los temas presentados por los participantes uno que le servirá a todo el grupo y empieza a trabajar con un consultante. Lo invita a sentarse a su lado y le realiza una breve entrevista en torno al tema que desea abordar. Le pide que mencione los eventos importantes de su vida o de su familia, pues la constelación se realiza en torno a temas de la familia actual o del clan de origen. Se tiende a dar prioridad al presente; sólo en caso necesario, se recurre al pasado de la familia de origen. El facilitador pregunta por los eventos que fueron traumáticos para la persona. Franz Ruppert afirma que un *trauma* es una herida del alma o de la psique, provocada por una situación de sobreexcitación emocional y acompañada por una mínima capacidad de acción.

Edgar Morin emplea el término *evento* para nombrar lo accidental, inesperado, frecuentemente improbable, aleatorio y que cambia radicalmente la vida de la familia. Sin embargo, cada sistema tiene una tendencia organizadora y puede aprovecharse de tales accidentes y azares. Pero a veces esta capacidad del sistema está bloqueada. Las constelaciones pueden mostrar sus recursos al consultante porque de cada evento, aun de los más difíciles, puede surgir un recurso y una fuerza sanadora.

En las constelaciones lo que importa son los eventos; no se pide al consultante que proporcione amplias descripciones o interpretaciones de las personas involucradas, sino sólo la información estrictamente necesaria.

Se le solicita que presente su tema particular, sin hablar de generalidades. A veces el facilitador formula preguntas que aclaran el tema o el motivo de consulta con más precisión.

Cuando se trata el problema de un negocio en particular, el facilitador pregunta sobre su historia: de quién fue la idea de emprenderlo, si hay socios, el origen del capital (por ejemplo, ilícito o lícito) y los eventos que lo han marcado desde su fundación.

Posteriormente se invita al consultante a elegir entre los participantes a representantes para él y para los miembros de su familia (actual o de origen, según el tema), o para los integrantes del sistema laboral y colocarlos, aun sin orden o intención, en el centro del espacio. Para la elección se les solicita que no se dejen guiar por semejanzas físicas. También se pueden abordar conceptos como el dinero de la empresa, la casa, la herencia, etcétera, y elegir a alguien para representarlos.

Después, el facilitador ayuda al consultante a contactar brevemente su imagen interiorizada de la familia o del tema, lo cual se manifiesta en cercanías o distancias físicas entre los representantes, escogidas cuando el consultante las mueve y las coloca en el espacio de acuerdo con dicha imagen.

En una constelación familiar, los representantes captan algo del alma de las personas representadas y con fuerzas que los rebasan. Cuando se configura una familia, es como si la familia verdadera estuviera presente y los representantes se sintieran las personas reales. Lo mismo sucede en la configuración de una empresa y de conceptos que adquieren "voz" a través de los representantes: entran en un campo del saber, con respeto.

A través de manifestaciones, reacciones físicas y percepciones de los representantes tenemos acceso a las dinámicas ocultas del sistema del consultante y se muestra aquello de lo que no era consciente. También pueden dar información sobre su grado de bienestar y comodidad después de realizar sus movimientos. Experimentan, a nivel físico y emocional, la manera en que la presencia y la cercanía de cada uno influye sobre los demás.

Cualquier persona del grupo puede ser representante, pues no requiere ningún entrenamiento previo, ni siquiera haber estado presente antes en una constelación. El representante entra en el campo morfogenético del sistema en el que se coloca y, al ocupar el lugar específico de la persona representada dentro de ese sistema, experimenta los sentimientos de esa persona. los sentimientos de esa persona, frecuentemente también sus síntomas. Esto se ha podido observar cuando están presentes familiares, amigos o colegas de la persona que coloca su constelación.

Durante la colocación, el facilitador observa desde el centro vacío sin juzgar ni interpretar, lo cual requiere humildad. Por eso, solamente interviene hasta donde siente que le es permitido. No va más allá de estas fronteras.

La imagen inicial

Uno de los factores más importantes en el trabajo con las constelaciones es el de las dos imágenes: la inicial del problema y la final o de solución. Aquí, "solución" no es un término absoluto, en el sentido de "la" solución, la única posible, sino que se refiere a una mejor solución que la de antes, a través de la cual puede darse un cambio para el consultante y para su sistema.

La primera colocación que realiza el consultante con los representantes es la imagen interiorizada de su sistema, que puede ser su familia de origen o su familia actual, o bien su negocio. Es la que, en general, muestra la dificultad o el obstáculo para lograr la autorrealización y la plenitud.

En esta primera imagen se puede observar la dinámica oculta o inconsciente que está vigente en el grupo. La premisa sistémica aquí es que el lugar que cada uno ocupa en el sistema determina sus sentimientos. Los representantes también perciben esto; lo sienten y lo expresan.

El consultante puede observar la representación interiorizada del sistema del cual es integrante como una fotografía o como una puesta en escena.

Al facilitador le sirve haberse entrenado en lectura corporal. Observa al consultante y su lenguaje corporal: cómo se acerca a él, cómo se sienta, qué posición asume; sus gestos, el tono de su voz y la expresión de su mirada, entre otros. Todo esto es información.

Mientras el consultante coloca el sistema, el facilitador lo observa: su cuerpo, sus movimientos y su actitud. ¿Está contemplando la imagen interiorizada con sus ojos internos?, ¿está sereno o realiza su colocación de manera rápida, descuidada, autoritaria, o quizás sin respeto hacia los representantes?, ¿está hablando o haciendo comentarios o bromas?, ¿da indicaciones a los representantes?, etcétera.

Gran parte de la lectura del lenguaje corporal se basa en la historia congelada en el cuerpo de la persona; lo demás es la capacidad de observación y percepción del facilitador.

Lectura de la imagen inicial o diagnóstico

Una vez colocado el sistema, el consultante se sienta otra vez al lado del facilitador. Éste se expone a la imagen inicial observando cómo están posicionados unos con respecto a los demás: si alguno está más cerca o más lejos (lo cual expresa la calidad de los vínculos entre ellos); si alguien quedó afuera, en la orilla (lo que significa exclusión), o mirando hacia fuera, dando la espalda a los demás (lo cual indica que quiere irse del sistema).

El facilitador observa la postura corporal de cada uno de los representantes (erguida, encorvada, sin energía, dando la espalda o con tendencia a salir del sistema, entre otras). ¿Cuál es la expresión de los cuerpos de los representantes? Por ejemplo, hombros altos o caídos, inquietud o incomodidad en el lugar que le asignó el consultante; alguien que quiere moverse, alguien que toca de repente una parte de su cuerpo con dolor. Con esta información corporal el facilitador ve el sistema completo y lo que está sucediendo dentro; es decir, sus dinámicas de vinculación.

En segundo lugar, percibe el ambiente emocional del sistema. ¿Hay fuerza?, ¿se siente amor, debilidad, tristeza, desafío, orgullo, dolor, rencor, desdén?

Cuando un representante afirma que en el lugar que se le asignó no está cómodo, se le pide que diga en qué lugar cree que se sentirá mejor, y a veces se hace la prueba. Como es de suponerse, este cambio tendrá un efecto en las percepciones y en los sentimientos de los demás. Es un trabajo que se lleva a cabo paso a paso.

Dinámica

En las constelaciones sistémicas (contrariamente a lo que sucede en las constelaciones llamadas de "movimiento del alma"), después de un tiempo el facilitador pregunta a los representantes cómo se sienten en el lugar que están ocupando. Cada uno de éstos lo explica brevemente: sensaciones y síntomas corporales en general, sentimientos y pensamientos.

Hasta aquí, el facilitador cuenta con la siguiente información:

- Lectura corporal del consultante en el grupo y al tomar su lugar al lado del facilitador en la entrevista, si la hay.
- Entrevista con el consultante y motivo de la consulta (historia oficial).
- Actitud y estado de ánimo al contar la historia.
- La manera en que coloca a los representantes.
- La lectura corporal de los representantes colocados.
- La percepción del ambiente emocional de la primera imagen colocada.
- Cómo se siente cada uno de los representantes en su lugar (cómodo o incómodo).

Conforme se desarrolla la constelación, el facilitador observa la reacción del consultante ante cada cambio dentro de la constelación, así como las reacciones de cada uno de los demás integrantes del grupo de personas colocadas, las cuales también le sirven de retroalimentación.

Con toda esta información, y las dinámicas ocultas que empiezan a manifestarse, al facilitador se le presentan diversas líneas de trabajo cuya base se encuentra en su entrenamiento en la teoría sistémica, en constelaciones familiares sistémicas y en su experiencia como constelador.

Al colocar la imagen interiorizada que la persona tiene de su sistema, se ponen de manifiesto las dinámicas ocultas (inconscientes) del sistema. Se puede observar la historia de la familia de origen y de la actual con su orden respectivo, sus jerarquías, sus mandatos, sus lealtades invisibles, sus enredos sistémicos con sus ancestros, sus dinámicas de interacción y sus vínculos interiorizados; es decir, se evidencia la estructura familiar inconsciente, o bien la historia de la empresa o del negocio.

En una constelación se invita al consultante a que mire, pues el que mira crece. Aquí, mirar significa observar con conciencia, ver con una mirada nueva lo que se manifiesta a través de los representantes. También el facilitador está mirando desde el centro vacío, sin intención, sin juicio, sin interpretación. El facilitador y el consultante, junto con todo el grupo, observan. Esta vez el consultante no está solo, sino acompañado.

Imagen final, una nueva visión que puede llevar a una solución diferente

La imagen final representa la opción de solución. Ésta es una imagen a la que se llega a través del paulatino proceso de cambio de los lugares que ocupan las personas y los elementos representados en el sistema, paso por paso. Es una imagen sanadora del futuro del sistema que generalmente tiene un efecto liberador. Corresponde a la reconstrucción del orden en el amor. En ésta, cada miembro del grupo ocupa el "buen lugar" que le corresponde cuando reporta que se siente mejor.

Al observar la constelación, el consultante se convierte en testigo de sí mismo y puede observarse desde afuera en sus relaciones y en su quehacer.

En una constelación se ve claramente que el problema presentado por el consultante es un intento de solución mantenido por el amor, el amor ciego. La solución siempre se encuentra a través del amor, pero ahora se trata del amor maduro que reconoce que, en última instancia, no podemos asumir las cargas y los destinos de los otros.

Partiendo de la primera percepción del conflicto del protagonista, paso a paso surge una nueva visión. Se ordena lo que estaba enredado y se abren nuevas posibilidades. Lo anterior se logra gracias a que se tocan niveles más profundos de lo que se presenta a primera vista, llegando a un reetiquetamiento de las conductas anteriores y a la construcción de una nueva visión, como punto de partida para un nuevo presente y, por consiguiente, para un futuro diferente.

Esta imagen de solución, al ser mirada por el protagonista de la constelación, permite que obre dentro de él, teniendo una influencia liberadora sobre sus sentimientos y sus acciones y, de esa manera, sobre el sistema total al cual pertenece. Cuando después se para en el lugar que el representante de sí mismo había ocupado, sus imágenes internas y sus emociones se conectan con el nuevo sitio que ocupa en el espacio del sistema; ese suceso se imprime en su mente y en su memoria corporal. La constelación de "solución" permite reintroyectar una nueva imagen, otra visión o interpretación de la historia que se interioriza desde lo verbal y lo corporal.

La primera imagen generalmente muestra la dinámica oculta (o inconsciente) dentro del sistema. Esta imagen ayuda al facilitador a llevar la dinámica a la luz. Puede observar esta imagen de la cual surgen los caminos hacia una mejor solución, y puede pedir que se lleven a cabo, paso a paso, los movimientos hacia ésta, pidiendo retroalimentación de los representantes y de los consultantes mismos en los lugares que están ocupando, o dejando que la constelación se desarrolle paso a paso.

Generalmente, los representantes de la constelación, como luego lo hacen los consultantes, cuando ocupan sus lugares manifiestan sentirse mejor en sus (nuevos) lugares. Manifiestan que se sienten liberados.

Un instrumento de diagnóstico sistémico como las constelaciones puede ser aprovechado para explorar la profundidad del inconsciente familiar, develando su estructura. Reconocer esta dinámica facilita introducir cambios para acceder a otra estructura u otra narrativa de mayor complejidad que se puede introyectar a través de una nueva imagen. De esta manera se hace visible lo inconsciente para abrir paso a una nueva interpretación del pasado, para comprenderlo mejor y llegar a la reconciliación, así como para abrir la posibilidad de una vida con plenitud.

Después de ver la imagen de solución, el consultante ya no tiene que hacer nada más y puede seguir con su propia vida. Después de un tiempo esa imagen de solución tendrá efecto y la dinámica inconsciente llegará a su fin. Aquí, no hacer nada significa que, después de una constelación, el consultante no tiene que hacer un intento para que alguien más en su sistema cambie, ni decirle a otro que debe ocupar otro lugar. El cambio se dará gracias a esta imagen fortalecedora interiorizada y nada más, ya que, con el tiempo, sustituye a la imagen problemática original y tiene una resonancia en todo el sistema.

El consultante, al encontrar la solución y el orden en su grupo, lo hace para todo el sistema, por lo que se verán beneficiados todos sus miembros, especialmente los que llegaron después, los niños. Éstos ya no se verán jalados por el enredo sistémico que se ha liberado. Cuando uno pone en orden su sistema interiorizado, el hecho repercute en los demás miembros aunque no se les diga nada; recordemos que todos los miembros de un sistema están conectados. El efecto de las imágenes interiores y de "no actuar" en un sistema es asombroso, ya que cambia la dinámica de todo el conjunto.

Cuando se trabaja en una constelación, se hace también para todos los participantes en el grupo. Aun cuando una persona no haya participado como consultante o representante, el hecho de estar presente la hace partícipe del círculo del saber. Cuando esto sucede, algo se soluciona también en su vida.

Al trabajar con constelaciones en empresas, no se forma el grupo con los mismos compañeros de trabajo sino con otros representantes. Generalmente las constelaciones se forman sólo por la invitación de los directivos. Es asombroso ver cómo, en la relación diaria en una oficina, se escenifican las dinámicas familiares no resueltas. Muchas veces se ha visto que los protagonistas de las dificultades laborales tienen una problemática que corresponde a un enredo sistémico de su familia. Las constelaciones no siempre son la única solución, pero sí una herramienta para mostrar la raíz del problema y para abrir la posibilidad hacia nuevas propuestas de solución. En última instancia, sólo es el consultante quien puede encontrar y llevar a cabo la solución.

4

Trabajo de constelaciones para la prosperidad

Dinámicas que llevan al fracaso
y a las pérdidas, y cómo revertirlos

Una dinámica oculta que obstaculiza el éxito en un negocio es la falta de reconocimiento a quien tuvo la idea original de emprenderlo. Así que, en primer lugar, hay que tener claridad sobre sus orígenes: ¿quién tuvo la idea, la chispa? Esto da un lugar prioritario a la persona de la idea frente a los demás, a quienes invitó después.

En segundo lugar, hay que reconocer a los fundadores. Pueden ser o no los mismos que tuvieron la idea. A veces, la persona que tuvo la idea se la regala a alguien porque tiene otras prioridades. En otras situaciones, algunos empiezan con la idea y luego salen del negocio, entregándoselo a otros socios, o vendiéndoselo.

En el caso de que un negocio no florezca, primero se indaga quién tuvo la idea, luego quién o quiénes fueron sus fundadores. Si no se reconoce esto en un negocio, los clientes van a percibirlo y no se acercarán, ya que ellos desean tener claridad acerca de las bases del negocio. Aquí, la solución es reconocer la historia del negocio y a todas las personas que han tenido que ver con él.

También habrá que ver si alguno de los fundadores tiene una carga que trajo al negocio, primero desde su familia de origen, o bien algo que sucedió en su matrimonio o en su familia actual, y luego más atrás en el tiempo, con algún miembro del clan. Ésta es otra dinámica oculta para la cual la solución inconsciente interna es pararse al lado de la persona que ha perdido algo material o a un ser amado y decirle: "No solamente tú perdiste esto, yo también estoy perdiendo; te acompaño en este destino". Al surgir esto a la luz en una constelación se podrán cerrar estos ciclos, devolver las cargas o los sentimientos prestados, y honrar a los progenitores o ancestros, para luego seguir con la propia vida, en honor y memoria de los que estuvieron antes, con éxito y abundancia.

Y, en tercer lugar, he observado que en los años siguientes a la muerte de un progenitor, muchas personas pierden su empleo, sus recursos materiales, su negocio, su empresa y hasta su matrimonio. La dinámica oculta aquí es, por un lado, si el otro murió, ¿cómo van a atreverse a ser felices nuevamente?, y por el otro, están diciendo: "Yo te sigo [a la muerte]. Es más fácil sin tanto bagaje" (sin lo material, que también causa placer, y sin lo emocional, que es uno de los placeres más grandes entre los seres humanos), porque los placeres nos anclan a este mundo.

Un cuarto factor para tener éxito, y el más importante para Bert Hellinger, es la conexión con la madre; el éxito tiene que ver con la calidad del vínculo que la persona tiene con su madre. Ella representa el primer éxito en la vida de un consultante. De hecho, el consultante mismo es el éxito de la madre al haberle dado la vida, junto con su padre. Una pareja, en particular la mujer, se pone al servicio de la vida (de la creación). Por esta razón, Hellinger afirma que todo negocio debe ser representado por una mujer. El padre, a su vez, le dará la energía para llevar a cabo el negocio con disciplina, compromiso, entrega y ética, y le dará la fuerza para afrontar el mundo. Cuando la madre mira a su hijo o a su hija con ojos benévolos, porque se siente reconocida y honrada por él o por ella, verá el negocio, el éxito y la prosperidad de sus hijos con la misma benevolencia, y así atraerá a buenos colaboradores, clientes, proveedores y socios honestos, y el negocio florecerá.

Las constelaciones ayudan a descubrir estas dinámicas, que surgen a la luz a través de los testimonios de los representantes y de la información que el consultante aporte. El facilitador acompaña a la persona que expresó su motivo de consulta para reconocer dónde está atorada, dónde está el obstáculo y, desde la constelación, propiciar que surja una solución.

Sin embargo, la solución no es una predicción ni una garantía para el éxito. Depende del consultante, en última instancia, tomarla o encontrar otra, o decidir quedarse con sus lealtades invisibles que le exigen menos: no tendrá que cambiar, solamente deberá seguir en "más de lo mismo", pero pagará un precio. No tendrá el éxito deseado, la prosperidad anhelada ni la plenitud de una persona realizada.

A continuación veremos ejemplos de constelaciones en las que salieron a la luz diferentes dinámicas ocultas que obstaculizaban el éxito de las personas. Cabe aclarar que, aunque todos los casos son reales, los nombres de las personas han sido cambiados, así como algunas de las circunstancias de sus vidas.

También es importante mencionar que generalmente el facilitador es quien ofrece determinadas frases al consultante. Éstas son frases de poder que introducen una visión diferente o con las que se logra un cambio. Para hacer más fluida la lectura, estas frases solamente se escribieron una vez en la voz de los consultantes, sin la intervención del facilitador que las había dicho antes al pedirles que las repitieran.

GABI: "ENCONTRAR UN TRABAJO QUE ME GUSTE"

"No me siento cómoda en mi trabajo actual. Es mi cuarto empleo. En el primero trabajé tres años, en el segundo dos y medio, y en los siguientes dos sólo seis meses. Me gustaría formar una empresa para organizar eventos. Ése es mi proyecto."

IR: *Elige un representante para ti, otro para tu empleo actual y uno más para tu nuevo proyecto.*

Empleo actual   Proyecto

Representante
de Gabriela

El empleo actual mira a la representante de Gabi, quien se aleja de él. Ella no mira a ninguno de los dos; mantiene la mirada fija en el piso.

Representante de Gabi: Me siento alejada de todo, como que no estoy en el trabajo actual ni en el proyecto, dispersa.

Empleo actual: Me siento tenso, con un peso en el cuerpo. Al tomar distancia de la representante de Gabi me sentí a gusto. Si no está a gusto conmigo, está bien, pero que no me deje a mí ese peso que ella parece cargar.

Proyecto: No puedo moverme. Me siento pesado.

IR (a Gabi): *La primera imagen que tuve de tu mirada al piso fue que tenías una pena, ¿alguien falleció en tu familia recientemente?*

Representante de Gabi: No recientemente, hace cuatro años: mi papá.

Se agrega un representante para el papá, a quien se le pide que se recueste en el piso frente a Gabi.

Empleo actual	Proyecto
◖	▗
◖	▗
Representante de Gabriela	Papá

A la llegada del papá, la representante de Gabi reporta muchas ganas de llorar, pues ésta lo extraña y le hace falta su apoyo. Ella tiene 29 años y no tiene pareja.

IR: *Parece que quieres seguir a tu papá muerto. Cuando vemos esto, no es que uno quiera morirse conscientemente. Hemos observado que las personas que quieren seguir a sus seres queridos que se fueron antes, con frecuencia no forman una pareja, pierden su trabajo, no tienen dinero porque, ¿para qué tener una pareja?, aunque se trate de una linda mujer y tenga edad para casarse. ¿Para qué tener un trabajo?, ¿para qué tener dinero?, si en el fondo nos queremos ir, porque todo aquello que poseyéramos nos anclaría en esta vida.*

PROYECTO: Siento que tengo posibilidades de éxito...

IR: *Independientemente de cómo nos hemos llevado con nuestros progenitores, cuando se mueren es obvio que sí lo sentimos, pues es una pérdida existencial.*

Gabi entra en el lugar de su representante, mira a su papá y llora. El empleo actual se para detrás de ella. El padre murió de una enfermedad después de permanecer 30 días en coma.

Proyecto

Empleo actual

Representante　　Papá
de Gabriela

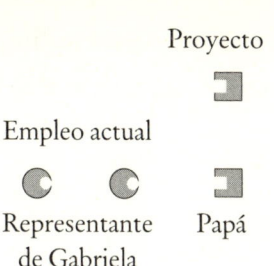

GABI: Papá, me dolió mucho que te fueras. No me agradó verte así. Me hubiera gustado no ser tan rencorosa contigo. Me hubiera gustado también pasar más tiempo contigo.

Gabi está triste y llora. Ahí se queda un largo tiempo. Se le proponen algunas frases de despedida. Ella las repite y añade otras.

GABI: Papá, qué bueno que te uniste con mamá porque así nací yo. A ti y a mamá les doy las gracias por mi vida. Haré algo bueno con ella. En tu honor y en el de mamá haré algo bueno con la vida que me dieron. Te quiero mucho, papá; te tengo en mi corazón (pone su mano en el corazón). Siempre estarás en mi corazón, papá; ahora tengo un espacio libre en mi corazón para un hombre a quien amar como la pareja de mi vida. Y ahora te dejo en paz.

IR: *Lo que a los padres les da paz es que les vaya bien a los hijos. Mientras no tengas el trabajo que te gusta es como si estuvieras jaloneando de tu papá. Entonces dale paz a tu papá.*

GABI (a su papá): Haré algo bueno con este regalo que es la vida, en tu honor y en tu memoria, papá. Y contigo en mi corazón.

Papá: Ahora me siento tranquilo; pero sí hubo un momento de mucho sentimiento al verla tan triste.

Proyecto

Empleo actual

Representante   Papá
de Gabriela

Gabi (se voltea hacia su empleo actual): Empresa, te doy las gracias por haberme dado un empleo; por favor, sigue dándomelo. Estoy aprendiendo mucho y recibiendo dinero a cambio. Y yo aporto mis talentos y mis capacidades para darte un buen resultado.

Empleo actual: Me siento satisfecho.

Gabi: Empleo, tengo un proyecto de organización de eventos, pero me tardaré un tiempo para convertirlo en una empresa. Mientras, me comprometo a dar lo mejor de mi trabajo contigo.

Empleo actual: Siento mucha tranquilidad y satisfacción. Como empresa entendí que también hay que dar la mano a los trabajadores y soltarlos cuando ellos necesitan crecer en otro lado.

Gabi: Me siento más tranquila. Empresa, me comprometo a no utilizar los contactos de este trabajo para organizar eventos. Y mientras, doy lo mejor de mí. Cuentas conmigo para dar buenos resultados. Es mi aportación a la empresa. Estoy aprendiendo mucho.

Muchas gracias. En mi tiempo libre empezaré a desarrollar mi proyecto nuevo y, en un momento dado, me despediré, pero seré franca y abierta, trabajando con ética profesional.

Empleo actual: Es positivo que aportes, que aprendas y que seas honesta conmigo para retirarte en algún momento.

Gabi se voltea hacia su proyecto.

Gabi: Proyecto, en mi tiempo libre empezaré a buscar eventos y a desarrollarte. Sólo durante mi tiempo libre y sin recurrir a los clientes que conozco de mi empresa.

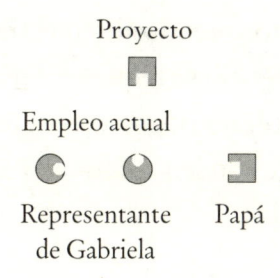

Proyecto

Empleo actual

Representante   Papá
de Gabriela

Proyecto: Ahora sí me interesa estar aquí.

IR: *Mucha suerte.*

El trabajo tiene una ética; no puedes estar en una empresa y utilizar sus contactos para un negocio personal. Se trata de confianza, del valor de tu palabra y de coherencia. La empresa te abre sus archivos y su cartera en un acto de fe. La empresa corre un riesgo mucho más alto con el empleado que éste con aquélla, porque el empleado tiene acceso a la información de la empresa. Cuando somos íntegros, entonces hay éxito porque la integridad atrae clientes. Hemos comprobado que cuando hay integridad, los clientes se acercan; porque si no estás a gusto no das lo mejor de ti, lo cual se reflejará en tu autosatisfacción, tanto en tu trabajo como en tus ingresos.

No es ético estar en una empresa y utilizar el tiempo para otro trabajo. Tampoco es ético tomar los clientes de aquí para llevártelos para allá. Es una falta de integridad y de coherencia. Debemos tener ética en el trabajo. Eso tranquiliza a la empresa.

Sí puedes trabajar en otro proyecto durante el fin de semana, en las noches y en las madrugadas, porque ya recibiste mucho aprendizaje en el trato con clientes. Para iniciar un negocio se requiere integridad.

Generalmente, un negocio requiere tres años de inversión para que comience a funcionar con utilidades. Esto es una realidad.

Fátima: Disminución de clientes

"Deseo que los clientes vuelvan a llegar como antes. Somos cuatro socias (voy a hablar por mí). Tenemos 20 años trabajando. Hace dos años estábamos al tope, pero desde entonces para acá ha disminuido mucho nuestra clientela. Ahora hay algunos problemas entre las cuatro socias."

IR: *¿Qué tipo de empresa es?*

Fátima: Un centro de capacitación que inició su

funcionamiento en 1987, con partes de capital iguales. Las cuatro socias tenemos diferentes funciones. La coordinadora académica tuvo la idea y también es la fundadora.

IR: *¿Cómo ha sido la repartición de las ganancias?*

FÁTIMA: En partes iguales. Distribuimos el trabajo: una lleva las finanzas, otra es coordinadora académica, otra es coordinadora de servicios y yo soy coordinadora administrativa. Es un centro de capacitación que floreció, después decayó y han ido escaseando los clientes.

IR: *¿Qué quieren lograr?*

FÁTIMA: Quisiéramos identificar dónde está el enredo sistémico en la parte académica, y como sociedad, aquello que hace que la promoción ya no dé resultados.

IR: *Eso está bien, pero, ¿qué quieren lograr? Tiene que ser un criterio observable y medible.*

FÁTIMA: Que acudan más personas a nuestro curso básico, por lo menos 35 por grupo.

IR: *¿Qué más necesitan?*

FÁTIMA: Creatividad para la promoción.

IR: *¿Tienen un creativo?*

FÁTIMA: No

IR: *¿Que más quieren?*

FÁTIMA: Un buen *staff*. Que no tengamos que andar tras ellos. Nos gustaría ser flexibles al cambio, pues quizá lo que antes nos hizo bien, ahora ya no es lo mejor.

IR: *Está bien. La capacidad de cambio. Vamos a empezar con lo mínimo, que no es tan mínimo porque son cuatro. Elige una representante para cada una de ustedes y colócalas de acuerdo con tu imagen interna.*

Servicios

Representante
de Fátima (Administración)

Académica

Finanzas

La representante de servicios se aleja un poco:

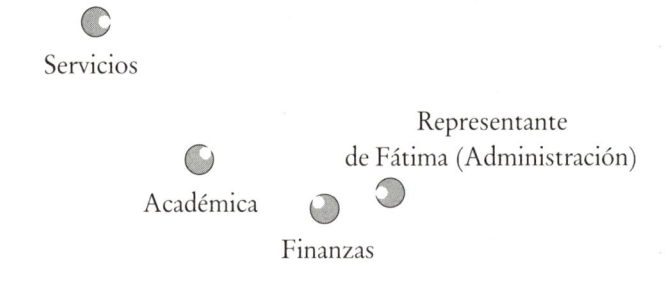

Servicios

Representante
de Fátima (Administración)

Académica

Finanzas

IR: *En las constelaciones, uno de los preceptos más importantes es el orden, y en este negocio no lo hay. En el sistema de una empresa, la persona de la idea o la fundadora ocupa el primer lugar a la derecha, y en orden de importancia van las siguientes funciones o puestos.*

FÁTIMA: La idea es de la coordinadora, que también es la fundadora. Ella invitó a las otras tres socias.

Servicios: Siento que me están jalando para atrás.

Finanzas: No encuentro nexo, a pesar de que están cerca, pero sí me importa.

Académica: Me siento bien plantada, segura, pero como salero, en medio de todas y vigilada por las tres.

Servicios: Al principio me sentía excluida, y ahora me siento todavía más excluida.

IR: *Ahora necesitamos a alguien que represente al centro de capacitación.*

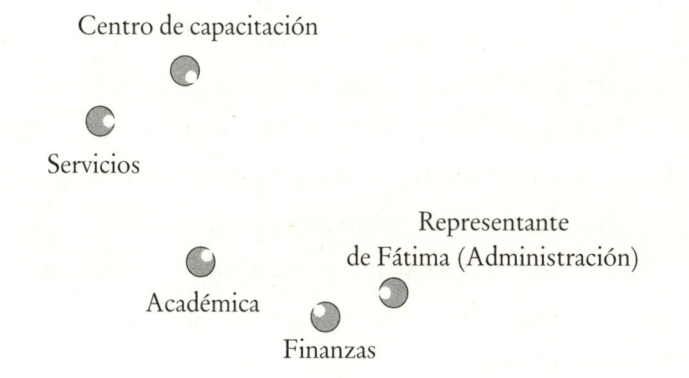

Centro de capacitación

Servicios

Representante
de Fátima (Administración)

Académica

Finanzas

Al entrar el centro de capacitación, la académica se voltea hacia él. Finanzas y la representante de Fátima (Administración) la miran.

Centro de capacitación: Me miran muy intensamente; quisiera dar un paso hacia atrás.

Ahora, se colocan tres representantes para los clientes:

Centro de capacitación

Servicios

Clientes

Académica

Representante
de Fátima (Administración)

Finanzas

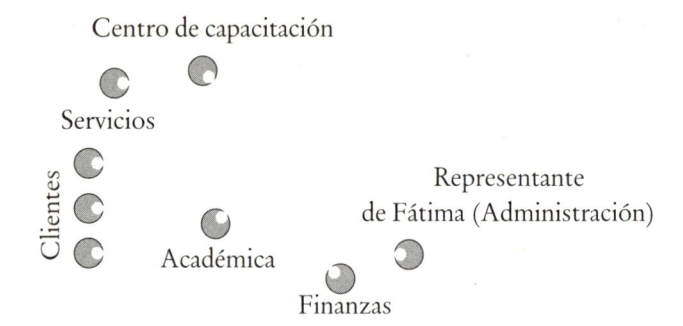

Cliente 1: Me gusta lo académico, lo demás no.

Cliente 2: Me gusta el negocio, pero no entraría.

Cliente 3: Me interesa, pero no entraría.

Cliente 1: No entraría, aunque me atraen.

Cliente 2: No, yo no entraría. Me llama la atención la parte académica, pero así no entraría.

Representante de Fátima: Me siento fuera de lugar, haciendo un esfuerzo por mantenerme. Estoy incómoda.

IR: *Encuentra un mejor lugar para ti.*

Centro de capacitación: Quiero irme con los clientes. Del lado de las socias hay mucha tensión; me siento sofocada.

La representante de Fátima se acerca un poco. La académica se mueve también y servicios dice que quiere unirse al equipo.

Centro de capacitación

Servicios

Clientes

Representante
de Fátima (Administración)
Finanzas
Académica

Los clientes reportan que hay más unidad y que se sienten más vistos.

IR: *Obviamente, en la primera imagen que vimos había cuatro socias muy separadas. Como en un matrimonio, a veces los socios están más cerca, otras menos. A lo largo del tiempo, cambia el enfoque, la visión, la tarea, los objetivos. Voy a hacer una prueba.*

La académica (fundadora, quien tuvo la idea) se coloca a la derecha de finanzas. Administración (representante de Fátima) no se quiere mover. Servicios se integra al equipo.

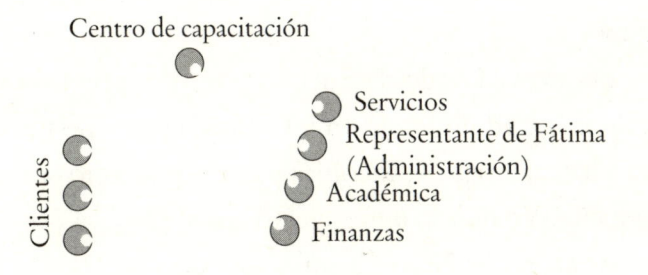

Centro de capacitación

Clientes

Servicios
Representante de Fátima
(Administración)
Académica
Finanzas

Se pide que la representante de Fátima salga un momento del salón porque constantemente se siente incómoda. El sistema de las tres socias se siente mucho mejor. Los clientes se reportan mejor.

Centro de capacitación

Clientes

Servicios
Académica
Finanzas

IR: *En algún momento todos los fundadores tienen que retirarse.*

La representante de Fátima regresa al salón; se le pregunta cómo le fue.

Representante de Fátima: Yo me aferraba a los clientes; sentía como que estaba atada a ellos; cómo me iba a ir. Cuando logré quitarlos de mi vista, y al salirme, sentí mucho miedo de darme la vuelta y verlos. Cuando salí me sentí mal. Después sentí que al salir respiraba; un momento estuve bien afuera, pero después ya no. Volví a sentir el impulso de regresar.

La representante de Fátima se integra nuevamente al grupo.

Finanzas: Desde el principio tengo dos sensaciones: la figura de administración me quita la paz y no puedo ver a los clientes. Me incomoda que el proyecto sea tan pequeño. Yo quiero un proyecto grande.

Académica: No me siento cómoda.

La fundadora (académica) se coloca al inicio del sistema.

Centro de capacitación: Me siento bien con la académica y con finanzas, pero no me gusta que finanzas diga que estoy chica.

Servicios prueba colocarse al final, pero no se siente bien y regresa a su lugar. Al centro de capacitación se le pide que se acerque.

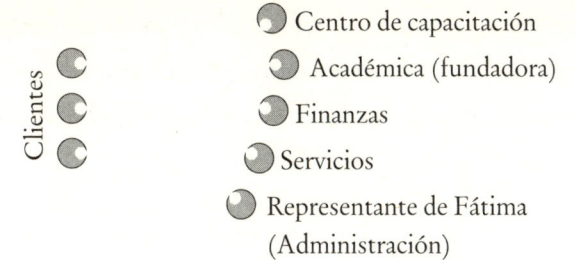

Clientes
- Centro de capacitación
- Académica (fundadora)
- Finanzas
- Servicios
- Representante de Fátima (Administración)

Al estar el centro de capacitación al lado de la fundadora (académica), los clientes reportan más comodidad. Antes percibían caos y ahora sienten orden y confianza. Dicen que ahora sí entrarían al centro de capacitación.

Representante de Fátima: Siento que me caigo.

Se hace la prueba de colocar un apoyo, una asistente al lado de la representante de Fátima, quien ahora se siente bien plantada.

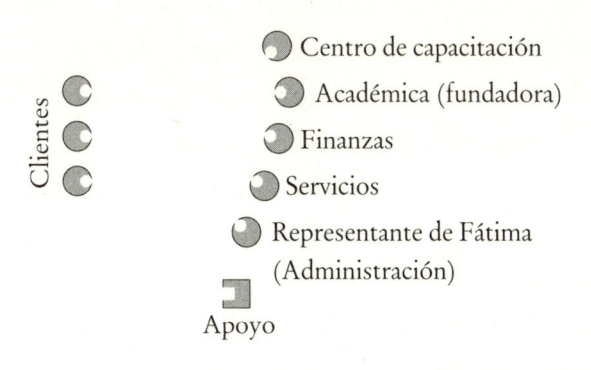

Clientes
- Centro de capacitación
- Académica (fundadora)
- Finanzas
- Servicios
- Representante de Fátima (Administración)
- Apoyo

IR: *Parece que el apoyo es la parte de promoción. Sería conveniente hacer una separación entre las funciones de administración y promoción.*

Apoyo: Me siento bien, integrado.

Fátima toma su lugar y ahora las tres socias le dicen a la fundadora: "Tú tuviste la idea, gracias por invitarnos".

Los clientes ahora se mueven hacia el centro de capacitación.

```
            ●
Clientes   ●   ● Centro de capacitación
            ●    ● Académica (fundadora)
                ● Finanzas
               ● Servicios
              ● Representante de Fátima
                (Administración)
              ▪
            Apoyo
```

IR: *Parece que todas están en paz. Les deseo mucho éxito, mucha prosperidad.*

Se pudo observar que del desorden en la jerarquía que percibieron los clientes y que no los motivaba a acercarse a este centro, se llegó a un orden; y con el orden ocurrió el reconocimiento a la fundadora, y luego hubo paz en la empresa y entre las socias.

Los fundadores necesitan retirarse en algún momento; lo mejor es ir entrenando a alguien para que después ocupe su lugar. Las empresas también viven ciclos: fundación-crecimiento-florecimiento-rigidez y burocracia-muerte.

En todas las empresas es importante honrar al fundador, a quien tuvo la idea. Aquí el orden es lo más importante; los buenos sentimientos fluyen después. Primero está el orden y luego el amor y los afectos.

La imagen final que ha mostrado esta constelación representa una posible solución entre la infinidad de soluciones que hay. Lo que hace una constelación es sembrar, en la mente, la posibilidad de abrirse a soluciones creativas innovadoras. Después éstas llegan, hay cambios y suceden cosas positivas.

Nina: "Necesito fuerza para subir en la empresa"

"Necesito fuerza para poder escalar en el trabajo, seguir hacia arriba. Quiero ser líder, más audaz, más atrevida para llegar a más gente."

IR: *Elige un representante para ti y otro para tu fuerza.*

Fuerza

Representante de Nina

IR: *Ésta es una fuerza a medias. La colocaste de perfil. ¿Uno de tus dos padres tuvo demasiada fuerza?*

Nina: Mamá era muy fuerte; llevaba los pantalones.

Se agrega una representante para mamá:

Fuerza   Mamá

Representante de Nina

La representante de Nina se aleja cuando llega mamá. Se añade un representante para papá.

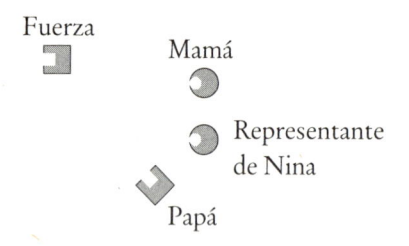

Fuerza

Mamá

Representante de Nina

Papá

La representante de Nina se coloca en medio de los padres.

IR: *Ese lugar es para niños pequeños. Como adulta separas así a papá y mamá.*

La representante de Nina se mueve enfrente de los padres.

Los padres se cambian de lugar. El padre se pone en el lugar derecho, como generalmente empieza el sistema de una pareja, y también para compensar la fuerza de la madre, que estaba mirando a la representante de la fuerza.

Fuerza

Papá

Mamá

Representante de Nina

Nina entra en su lugar y se acostumbra a la visión diferente de sus padres sin ella en medio. Abraza a su padre para tomar su fuerza.

IR: *La fuerza del padre nos activa y nos empuja hacia*

el mundo para tener logros. Ésta es la energía para subir de nivel en la empresa.

NINA: Papá, me llevo esta energía conmigo, para subir de nivel en mi empresa.

Ella abraza a su mamá, para poder ser una buena jefa y cuidar a los empleados. Abraza a los dos, integrándolos. Se voltea, respaldada por sus padres, y atrae la fuerza hacia sí. Se agregan dos representantes para sus superiores y cuatro para clientes.

Los superiores y los clientes se reportan contentos y con confianza en ella.

Un buen líder necesita de las dos fuerzas: la de la madre y la del padre. Con la energía de la madre puede *crear* un proyecto, un negocio, una empresa. La energía del padre ayuda a dar el paso hacia el mundo y a tener la disciplina y el empuje para *lograr* los objetivos y el éxito.

Habiendo integrado estas dos energías, puede ser un buen líder y crear las tareas, los objetivos y las metas para su empresa. Esto también va a proporcionar las condiciones para que ella y sus colaboradores logren estos objetivos. La energía del padre le ayuda a salir al mundo para encontrar su tarea y llevarla a cabo, así como proteger a sus colaboradores y a sus familias para que puedan ganar el dinero que necesitan.

La energía de la madre le sirve para ser una jefa cercana a sus colaboradores, para cuidar que cada uno esté en un buen lugar y que haya un trato humano, fomentando en ellos su mejor desempeño y descubriendo sus mejores capacidades, habilidades y talentos para que se puedan desarrollar de la mejor manera.

Isabel: "Trabajar y ganar, o descansar y no ganar"

Ella se siente dividida: "O descanso o gano dinero".

IR: *Un modelo nuevo para el trabajo y para ganar dinero es aquel en el que el dinero trabaja para ti. Y desde la cibernética viene el enfoque incluyente donde puedes tener ambos. Elige un representante para ti, otro para el descanso y uno más para el trabajo.*

Descanso

Trabajo

Representante de Isabel

Representante de Isabel: Volteo hacia el trabajo y me angustio, miro al descanso y respiro.

IR: *En tu familia, ¿quién tenía este afán de trabajar tanto?*

Isabel: Mi mamá.

IR: *¿Y quién tomó la vida un poco más a la ligera?*

Isabel: Mi papá.

Se coloca un representante para la madre, junto al trabajo. Y otro para el padre junto al descanso.

Descanso   Padre

Madre

Trabajo

Representante de Isabel

Representante de Isabel: Me siento incómoda.

Ahora, se colocan los padres juntos e Isabel toma su lugar:

Trabajo Mamá Papá Descanso

Isabel

Isabel (se dirige a sus padres): Mamá, de ti tomé mi capacidad de trabajo. Por ti, papá, estoy aprendiendo a disfrutar, a gozar, a descansar. Mamá, ya he tomado mucho de ti, me nutriste y tengo una gran capacidad de trabajo, pero ahora también tomo a papá. No te preocupes, no tiene un lugar más grande que el tuyo, pero tampoco uno más pequeño que tú. De él tomo la capacidad de descansar.

Ella abraza a los dos, y así une a las dos partes contrastantes que le habían causado tanto conflicto.

Isabel se coloca ahora entre ambos aspectos y reporta que se siente bien.

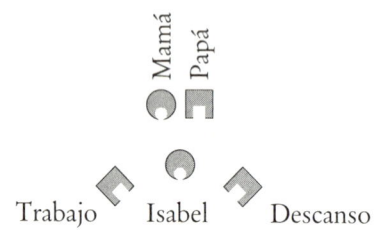

Mamá Papá
Trabajo   Isabel   Descanso

IR: *Este modelo de trabajo es muy enriquecedor, porque se pueden incluir los dos aspectos y se puede aprender de ambos. No necesitas elegir, puedes quedarte con ambos.*

Vale la pena que reflexionemos de dónde surgen estos jaloneos entre nuestras lealtades, generalmente representadas por dos opciones entre las cuales no sabemos elegir y que nos parecen irreconciliables. Probablemente, esto nos pasó a muchos cuando éramos niños: sentirnos desleales con uno cuando estábamos con el otro, y viceversa. Un adulto los toma a los dos y, con ellos, todos sus recursos.

Cuando estamos divididos, vacilantes entre dos decisiones —este estilo de casa o el otro, este trabajo o el otro—, frecuentemente aparecen papá y mamá, así como nuestras lealtades hacia ellos y hacia sus diferentes familias de origen con sus valores y sus distintos modos de vivir la vida. En general, esto ocurre en la infancia, pero a veces dura toda la vida.

Cuando una persona no sabe decidir entre dos alternativas, significa que continúa en su conflicto de lealtades entre sus padres: cuando mira al papá siente que traiciona a la mamá, cuando mira a la mamá siente que traiciona al papá. Está en constante conflicto y tensión, lo cual le quita mucha energía para la acción, el éxito y la prosperidad.

La inseguriad que nos causa tener que elegir entre "esto o aquello" frecuentemente se relaciona con los diferentes valores y opiniones que expresaban mamá y papá. Sin embargo, se trata de un pensamiento reduccionista, excluyente.

Agustín: "Ahora quiero otra carrera"

"Quiero ser escritor. Ahora soy licenciado en negocios internacionales, pero quiero trabajar como escritor. Deseo construir una nueva carrera como escritor y ganar mucho dinero."

IR: *Elige un representante para ti, otro para la prosperidad y uno más para la capacidad de escribir, y colócalos de acuerdo con tu imagen interna.*

- Prosperidad
- Representante de Agustín
- Escritura

IR: *Él quiere la prosperidad, pero no la mira. ¿De dónde nacieron tus ganas de escribir?*

Agustín: Desde hace muchos años. Fui hijo único; no tuve muchos amigos. Escribir fue algo natural. Era mi manera de crear una fantasía en mi cotidianidad.

Prosperidad: No me siento tomada en cuenta; si no me quieren, está bien, yo sigo mi camino.

Representante de Agustín: Me siento muy tranquilo, en mi lugar. La escritura no me ve. Busco su mirada, pero no me afecta que no me mire. Me siento seguro.

Agustín: Mis papás trabajaban todo el día. Mi padre era contador y mi madre comerciante.

IR: *Generalmente, un hijo único es muy atendido por los padres y por toda la familia, pero los tuyos trabajaban todo el día y tu soledad fue creativa y sufrida también. Toma tu lugar en la constelación.*

Después coloca al padre y a la madre.

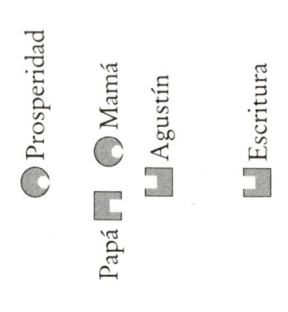

- Prosperidad
- Papá
- Mamá
- Agustín
- Escritura

Agustín: Me siento presionado, como que necesito liberarme de mis padres. Papá, tú trabajabas todo el día y prácticamente no te veía. Mamá, tú de igual forma, trabajabas todo el día para darme una mejor calidad de vida. Yo pagué el precio: mi soledad de pequeño.

Prosperidad: Los observo y tengo ganas de abrazarlos.

Agustín: Me siento con resistencia. Quiero acercarme a la prosperidad, pero no puedo. Durante el día me encontraba solo. Ése fue el precio que pagué por la prosperidad de mi familia. Les agradezco la prosperidad. De pequeño sufrí la soledad y, antes de abrazarlos a ustedes, me quedo sólo con mi escritura y sin prosperidad.

IR: *Esta ausencia de los padres puede crear resentimientos en los hijos. Como adultos lo comprendemos, pero de niños sentimos tristeza, coraje y rencor. Sin embargo, encontramos formas de sobrevivir.*

Agustín: Yo era pequeño y los necesitaba. A ti, mamá, y a ti, papá. Por favor, los necesito para llenarme y crecer.

IR: *¿Qué necesitas?*

Agustín: Necesito abrazarlos.

IR: *Entonces abrázalos. ¿Cómo influye esto en la prosperidad?*

Prosperidad: Se siente bien.

IR: *Aquí vemos cómo el síntoma (la falta de prosperidad) una vez más confirma que el niño requiere el abrazo de los padres.*

Ahora Agustín "crece" y como adulto abraza a sus padres. La prosperidad se ha colocado a un costado y reporta que se siente bien.

Papá · Mamá · Agustín · Prosperidad · Escritura

AGUSTÍN: Sufrí parte de la soledad pero ésta me enseñó algo: la escritura, la creatividad, el mundo de la fantasía. ¡Muchas gracias!

Agustín se da la vuelta y se acerca más a la escritura (su creatividad). La prosperidad se coloca al centro y los une, fungiendo como un puente.

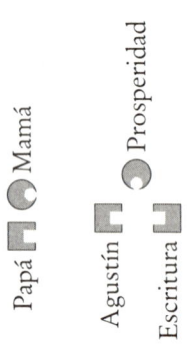

Papá · Mamá · Agustín · Prosperidad · Escritura

IR: *Ahí lo dejamos.*

Todos los eventos familiares difíciles y tristes nos enseñan algo y nos dan fuerza, y tenemos la oportunidad de tomarla. Entonces está bien decir: "Sí, sufrí, pero hubo una enseñanza".

Cuando pensamos en los eventos difíciles del pasado, también hay que ver qué nos dieron. Un dicho mexicano reza: "Lo que no te mata, te engorda". En este nuevo enfoque: "Sí, eso no estuvo bien pero, ¿en qué te convirtió?, ¿qué te aportó positivamente?" De esta manera cada queja y cada herida se convierten en un recurso, en una fuerza para la vida.

Exactamente a través de esta herida nos convertimos en la persona que somos. Si podemos reconocer esto, la herida se convertirá en nuestra fuerza, una fuerza para vivir la vida aquí y ahora.

Juan: Conflicto entre socios

"Tengo un restaurante que va a cumplir un año en funcionamiento, y ya no hablo con mi socio pues está haciendo negocios ilícitos. Él inició el negocio con una socia, de quien fue la idea. Trabajaron en él durante tres años y ella desertó. Después entré yo, con 20 por ciento de participación. Cambié el concepto y la administración, y hubo crecimiento. Entonces adquirí otro 30 por ciento de la participación en el negocio y mi socio y yo quedamos con 50 y 50 por ciento. A últimas fechas he tenido que aportar más dinero, hasta llegar a tener 80 por ciento de participación."

IR: *Elige representantes para el primer negocio, para tu socio y para ti.*

                    Representante de Juan   Negocio 1
                              ⌐┐   ⌐┐
                                              ┐
                                            Socio

El negocio y el representante de Juan se acercan y ambos reportan que se sienten cómodos y quieren estar cerca. El socio se siente ajeno e incómodo. Se le pide que mire. Ahora el socio reporta que se siente más incómodo y quiere mirar al negocio.

Negocio: Siento incomodidad.

Representante de Juan: Siento un vacío en la espalda.

Ambos socios (al mirarse con cierto enojo y molestia): Hay pendientes no resueltos.

Negocio: Siento incertidumbre cuando se miran, pero tengo la esperanza de que lleguen a un arreglo.

Juan: El socio alquiló la esquina y tomó las cosas de otra persona, del propietario anterior del local.

IR: *En un negocio es importante reconocer al que tuvo la idea, porque primero es la idea, luego la invitación a la sociedad, y luego el capital y el trabajo. Ahora sabemos que antes de esta primera sociedad ya hubo otra en el restaurante. Se pone un representante para el propietario anterior.*

                    Representante de Juan
                         ⌐┐ ◆ Negocio
                              ┐ Propietario anterior
                              ● Socia de la idea
                         ⌐┐
                    Socio actual

Negocio: Me siento a gusto con Juan, pero no puedo dejar de ver a los socios anteriores que me dieron algo bueno.

Socio: A mí no me interesa el origen, sólo el negocio por el negocio.

Propietario anterior: Me siento tranquilo con la situación.

Representante de Juan: Me siento más involucrado con el propietario original que con el socio actual.

Juan toma su lugar.

Juan (al propietario anterior): Usted siguió con la idea del restaurante en el lugar que hoy ocupamos, y también puso el mobiliario que hoy utilizamos y se lo quiero reconocer. Mi compromiso es hacer un negocio próspero, de mucho éxito y de beneficio para los demás.

Propietario anterior: Me siento cómodo, seguro de que Juan tome el negocio; tengo confianza en él.

Socio actual: He experimentado un cambio de la soberbia a la humildad. Las palabras hacen que me interese.

Negocio (a ambos socios fundadores): Ustedes dos tuvieron la iniciativa de poner este restaurante. Tú pusiste la idea y tú el capital. A ambos les reconozco que, sin ustedes, yo no estaría aquí trabajando y ganando dinero.

Socia de la idea: Me siento liberada.

Juan (al propietario anterior): Tú pusiste capital, trabajo y otras cosas. (A la socia): Tú te saliste del negocio; y dejo con ustedes la forma como se disolvió esa sociedad. Yo no tuve nada que ver. Ustedes fueron los primeros socios. (Al socio actual): Reconozco que te quedaste con el negocio y lo mantuviste, lo cual me dio tiempo de llegar. Yo vine y tú te abriste a mi nueva idea. Muchas gracias. Juntos logramos que naciera un nuevo negocio y mantenerlo. Ahora vamos a tener más clientes, y ésa es mi aportación.

Socio actual: Lo escucho pero no siento nada, a pesar de que lo hicimos juntos.

El negocio se mueve en medio de ambos socios:

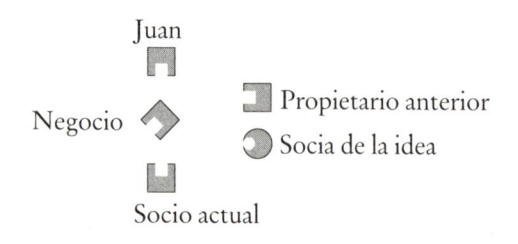

Juan

Negocio   Propietario anterior
           Socia de la idea

Socio actual

Negocio: Ahora siento interés por el socio.

Socio actual: Me siento mejor.

Juan: Me siento incómodo (dejó de mirar al negocio, por vigilar al socio).

El socio actual se cambia de lugar y aunque se siente cómodo reporta que no es lo que quiere.

Juan   Propietario anterior
    Negocio   Socia de la idea

Socio actual

Juan: Tú eres el socio capitalista y yo soy el socio industrial. Al inicio tu aportación fue de 80 por ciento y la mía de 20 por ciento, más el capital industrial; después de un año mi aportación de capital es de más de 80 por ciento y tú has dejado de aportar desde hace mucho tiempo.

Socio: Siento que me falta algo.

Juan: La primera socia tuvo una buena idea, y ella y el propietario anterior sacaron adelante el restaurante. Cuando ella salió, tú te juntaste con su socio, el propietario anterior, y luego le compraste el traspaso. Tú aportaste este capital, más tres años de trabajo, y luego me invitaste como socio.

Socio: Siento que ahora sí hay reconocimiento.

Juan: He notado que participas menos y te quiero ofrecer un trato. A mí me gusta este negocio, he invertido capital y trabajo y te propongo pagar tu salida.

Socio: Me siento mucho mejor si me ofrece un trato.

Por primera vez, Juan llamó la atención de su socio, porque su actitud anterior era posesiva: "Éste es mi negocio", sin reconocer la historia del restaurante: la socia fundadora, el propietario anterior y la importancia del socio actual que lo invitó.

Socio actual: Sólo me interesa lo que es negocio. Si es negocio irme, está bien. Si es negocio quedarme, está bien.

Juan: Te quiero hacer una oferta para quedarme poco a poco con el negocio: que nos sentemos a hacer cuentas sobre tu parte y mi parte; quiero quedarme con el negocio, como propietario único.

Socio: Siempre y cuando sea negocio para mí.

Juan: Ahora eres copropietario. Sentémonos a hablar de negocios.

IR: *Aquí se traslada el asunto a un nivel de negocios, un hombre con otro hombre, un asunto de trabajo y de dinero. Juan pasó de ser un adolescente con dificultad para reconocer los méritos de la fundadora y los socios anteriores, a convertirse en un hombre, un hombre de negocios.*

Socio: No siento ninguna emoción por el negocio. Me siento bien con la propuesta.

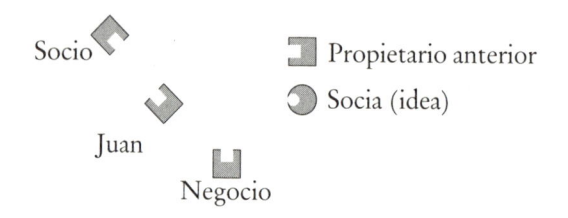

Socio   Propietario anterior
         Socia (idea)
  Juan
    Negocio

Negocio: Estoy bien con este acuerdo.

Al final vimos que aquí se dieron cuatro pasos importantes. El primero, reconocer la participación del socio; el segundo, ofrecerle un trato; el tercero, cuantificar el capital, y el cuarto, llegar a un acuerdo.

En las empresas siempre tenemos que ir a las raíces: quién tuvo la idea, la chispa del negocio, y quién es el fundador. Es muy importante el cambio de la visión anterior a otra en la que hay una historia de socios diversos: la socia con la idea que se asocia con otro y surge la sociedad; el propietario anterior que se junta con otro, quien luego se convierte en socio actual de Juan, y Juan, que llega al último y tiene dificultad para reconocer toda la historia del restaurante. Es necesario reconocer esta historia, porque el mérito no sólo es de Juan; su tino fue haber cambiado el concepto y hacerlo crecer, pero el mérito no es sólo suyo.

Hay infinidad de posibilidades de solución. Una constelación empresarial ofrece sólo una de las múltiples soluciones a las que pudiera llegarse. Una constelación no es una predicción o una premonición de cómo van a suceder las cosas. Simplemente nos hace ver la retroalimentación del socio: él quiere ser reconocido y, para él, eso sólo es un negocio. Si para el consultante su vocación es una pasión, eso es otra cosa. Generalmente, un hombre de negocios piensa en números, pues el negocio no trata de afectos. En los negocios hay cuantificaciones, números, planes y proyectos porque uno de sus objetivos es ganar dinero. Podemos tener una relación amigable, pero un socio no representa a tu papá o a tu mamá, con quienes te vas a pelear; sin embargo, sí tienes que reconocerlo como el primero, al igual que en este caso. La ruptura de una sociedad no es un divorcio, sino un negocio. El riesgo en este caso es que se mezclen temas familiares con el negocio. Éste se rige básicamente por el orden, el equilibrio entre dar y recibir, y por quién estuvo antes.

Tomás: "El dinero es malo"

"En mi familia nunca hubo más que lo indispensable. Ahora, por más que me esfuerce, no consigo más que lo indispensable. Mi mamá piensa que las personas que tienen dinero han hecho algo malo para obtenerlo. Mi papá opinaba que el dinero era algo bueno, pero se le dificultó mucho tenerlo."

IR: *Para muchas personas el dinero es malo, sucio, "el estiércol del diablo". ¿De dónde sacó tu papá la idea de que el dinero es bueno?*

Tomás: Papá pertenece a una familia de profesionistas que han tenido dinero más o menos suficiente. Mi mamá viene de una familia que tuvo mucho dinero, pero que después lo perdió; parte en la Revolución y parte en la segunda Guerra Mundial. Yo tuve un tío inglés que perdió su dinero en los bombardeos de Londres. Mi madre piensa que se debe tener lo básico, simplemente. Tiene ideas negativas acerca del dinero. Mi bisabuelo fue administrador de una hacienda y hacía préstamos a los trabajadores, y generalmente ocurrían ciertos abusos con respecto al cobro de las deudas. Él adquirió su dinero después, al casarse con una mujer muy rica.

IR: *Elige un representante para el bisabuelo administrador de haciendas y otro para el dinero.*

◆ ◆
Bisabuelo   Dinero

El dinero se siente incómodo ante el bisabuelo. Éste se siente poderoso, grande, y demuestra mucha soberbia.

Se agregan cuatro personas que representen a los trabajadores de la hacienda y a sus familias:

Bisabuelo

Dinero

Trabajador 1
Trabajador 2
Trabajador 3
Trabajador 4

IR: *Imaginemos una historia de esa época. Un trabajador tiene enferma a su mujer y requiere dinero para los medicamentos; el administrador puede proporcionar este dinero, pero también quiere recuperarlo. Y a veces hay abusos en la cobranza de la deuda. En este proceso pueden morir muchas personas por enfermedad: niños, mujeres y ancianos.*

El trabajador 1 quiere ir hacia el dinero, pero el administrador se ha colocado junto a él. El trabajador expresa que le teme al administrador. El trabajador 2 no muestra interés. El trabajador 3 muestra interés, pero no puede moverse, le impone la figura del administrador. El trabajador 4 se coloca detrás del trabajador 3.

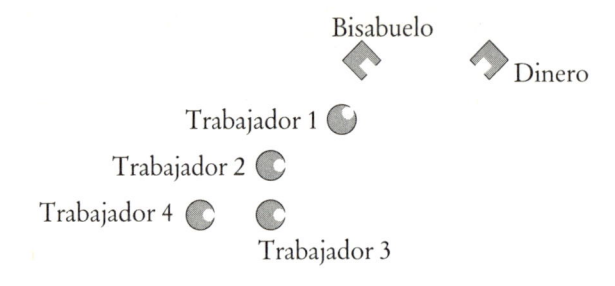

                    Bisabuelo
                       ◆   ◆ Dinero
        Trabajador 1 ◐
      Trabajador 2 ◐
Trabajador 4 ◐   ◐
                Trabajador 3

El dinero se mueve hacia el trabajador 1. El bisabuelo (administrador) quiere ir por el dinero.

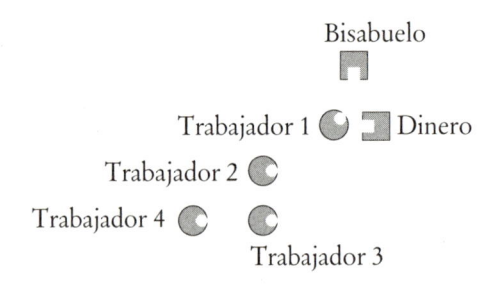

                    Bisabuelo
                       ◨
           Trabajador 1 ◐ ◧ Dinero
        Trabajador 2 ◐
      Trabajador 4 ◐   ◐
                  Trabajador 3

IR: *Esto puede señalar que una parte del dinero que él tuvo fue adquirido a costa de otras personas. Ahora Tomás se integra a la configuración.*

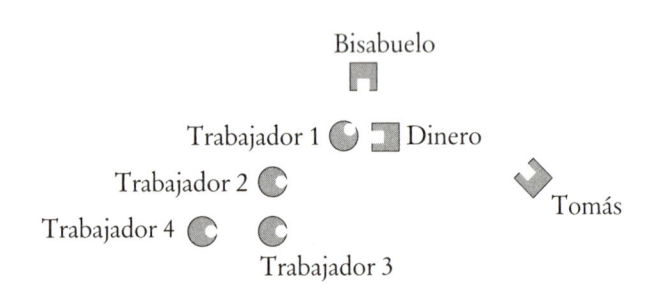

                    Bisabuelo
                       ◨
           Trabajador 1 ◐ ◧ Dinero
        Trabajador 2 ◐
                                    ◆
      Trabajador 4 ◐   ◐   Tomás
                  Trabajador 3

Al llegar el bisnieto, el dinero reporta un poco más de tranquilidad. Al mirar hacia el bisabuelo, el dinero siente frialdad y miedo.

El bisabuelo y el bisnieto se acercan al dinero. El trabajador 1 se pone en medio. El trabajador 2, que no había mostrado interés, ahora sonríe. El resto de los trabajadores se acercan, tapan al dinero y se ponen en medio. Todos los trabajadores reportan la necesidad de que el dinero los vea.

```
                    Bisabuelo
                                    Tomás
              Trabajador 2
     Trabajador 3
                          Trabajador 1
     Trabajador 4   Dinero
```

BISABUELO: Me siento anclado. No me puedo mover.

Ahora se colocan los dueños de las haciendas y se "divide" el dinero: el que pertenece a los dueños y el que pertenece al trabajo de los trabajadores. Se pone un representante más para esa otra parte del dinero.

```
                    Dueños

     $ Dueños
                    Bisabuelo

                          Tomás
              Trabajador 2
     Trabajador 3
                          Trabajador 1
     Trabajador 4
                    $ Trabajo
```

TOMÁS: Me gustaría que el dinero de los trabajadores me viera. (Al dinero de los dueños:) Tú eres el capital de los propietarios de la hacienda. (Al dinero de los trabajadores:) Tú eres el dinero generado por el esfuerzo de los trabajadores. (A los trabajadores:) Ustedes no recibieron todo esto; gran parte se quedó con los dueños y con mi bisabuelo. No les llegó a ustedes y a mí tampoco me llega.

```
                        Dueños
                         ▢ ◖
        $ Dueños  ▢
                       Bisabuelo
                          ▢          ◆ Tomás
           Trabajador 1  ◖
           Trabajador 2  ◖
           Trabajador 3  ◖    $ Trabajo
           Trabajador 4  ◖
```

El dinero de los trabajadores se va con ellos. El dinero de la hacienda se queda con sus propietarios. Tomás se siente bien, pero incómodo con el bisabuelo.

TOMÁS: Bisabuelo, sin ti yo no existiría y te doy las gracias. Los manejos del dinero te los dejo a ti. Los he expiado toda mi vida. Tú eres el administrador de los propietarios de las haciendas, y yo soy el administrador de mis clientes. Tú lo hiciste a tu manera, y tu manera te hizo suficientemente rico para atraer a una mujer rica. El dinero mal manejado para tu beneficio lo dejo contigo; aun así sigues siendo mi bisabuelo. Yo ganaré mi dinero con mi esfuerzo, como los trabajadores. Con justicia y abundancia. (Mirando a los trabajadores:) Honro el dinero de ustedes. Lo que generaron es suyo. Yo ganaré mi dinero con mi profesión, con mis habilidades y con mis capacidades, como ustedes, sin quitárselo a nadie.

IR: *Ahora inclínate ante ellos.*

Los trabajadores reportan que se sienten bien al ser reconocidos y honrados, y que miran con buenos ojos que Tomás tenga dinero. El dinero también se siente a gusto y ya lo puede ver.

IR: *Ahí lo dejamos.*

Tomás no podía ver el dinero porque en él había demasiada injusticia, crueldades, explotación y maltrato. La mamá de Tomás había advertido algo de esta energía y tenía en su alma esta conexión con el dinero mal habido del bisabuelo.

En todo este continente vemos casos similares, porque se ha observado que desde América del Norte hasta Tierra del Fuego se amasaron grandes fortunas, no siempre con el trabajo honesto, sino con la explotación de otros. Y se ha observado que los nietos y los bisnietos, en particular, expían por estas fechorías de sus ancestros y no se atreven a tomar en abundancia, sino sólo lo suficiente. Esto es así porque siempre se ponen del lado de las víctimas, de los que fueron explotados. Estamos hablando de los excesos, de las grandes fortunas. Los herederos no se atreven a tomar el dinero y expían, en lugar de haberlo hecho sus ancestros por la explotación de los trabajadores.

El dinero bien habido es resultado de mis ideas, sueños, creatividad y también de mis capacidades, astucia, inteligencia y habilidades, pero donde hay una historia de injusticia es difícil tomarlo.

En Brasil hubo una constelación así, con una mujer muy capacitada que generaba mucho dinero y siempre lo perdía. Su bisabuelo logró construir un gran patrimonio: haciendas de caña de azúcar. Era una historia tremenda de explotación e injusticia. Colocamos al bisabuelo y como a seis peones a su alrededor. Lo que vimos fue la escena de un "linchamiento", porque realmente se hablaba de una profunda injusticia y de mucho dolor y rabia de parte de los trabajadores. Cuántos niños no nacieron, cuántas mujeres murieron, cuántos trabajadores fallecieron por no ser atendidos después de un accidente. Por eso los descendientes no logran florecer, ya que están del lado de las víctimas y expían las culpas de sus ancestros.

En muchas familias con grandes fortunas hay una inmensa cantidad de sobrinos, nietos y bisnietos que mueren o que no pueden florecer porque expían las culpas de otros que vivieron antes.

Generar ingresos de manera lícita implica también ser justo con los colaboradores. Eres como su padre porque ves sus talentos, los ayudas, los ayudas a desarrollarse y provees para sus sueldos. Y también eres como su madre, porque velas por que tengan una situación personal humana en la que puedes apoyar cuando fallan o dejan de rendir como antes.

Abundancia es tener dinero suficiente para lo que necesitas y deseas. Prosperidad también es pagar impuestos. Se ha demostrado que toda empresa que está dada de alta ante Hacienda y paga impuestos generalmente prospera más que otras.

Clara: Empresa familiar llena de enojos

"La primera empresa (empresa 1) la fundó el hermano menor de mi esposo Daniel. Luego, mi esposo fundó otra segunda empresa (empresa 2) y se la dejó a su cuñado, el esposo de su hermana, para ayudarles porque les iba mal. Después de esto se fue a la empresa de su hermano menor, que es el director. Mi esposo quedó como subdirector. Hace un año mi esposo compró la empresa y su hermano menor se salió. Emprendió otra tercera empresa (empresa 3) y le fue mal. Ahora a mi esposo le va mal en esta empresa. La empresa de su cuñado y de la hermana está bien. Yo no trabajo en la empresa, pero mis hijos sí. Existen enojos y jaloneos."

IR: *Elige un representante para la empresa que fundó tu marido, otro para él y otro para su cuñado.*

Todos los representantes están inquietos. El cuñado se cambia a la izquierda de la empresa:

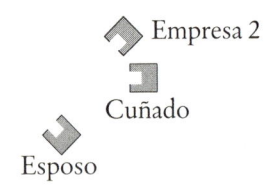

Empresa 2
Cuñado
Esposo

El cuñado permanece al lado de la empresa, y el esposo le cede ese lugar.

Esposo: Esta empresa la fundé yo. Tú eres mi cuñado y te la cedí por mi hermana mayor para que puedas mantenerla a ella y a la familia de ustedes.

Se agregan representantes para el hermano menor y para su empresa. El hermano mayor se coloca al lado izquierdo de su empresa (empresa 1) y de su hermano menor:

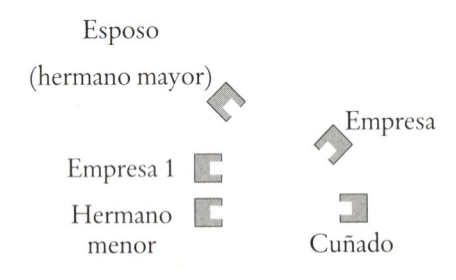

Esposo (hermano mayor)
Empresa
Empresa 1
Hermano menor
Cuñado

Hermano menor: Hermano, en la familia tú eres el mayor y yo el menor. En esta empresa yo soy el fundador y el director, y tú el subdirector. Yo fui el de la idea. En la empresa llegué antes.

El esposo sigue intranquilo.

IR: *Después, el hermano menor funda una tercera empresa (empresa 3), con su hijo, y se va de esta empresa. Todo se hace con buena intención, pero hay malestar en el sistema familiar y la primera y la tercera empresas no funcionan.*

Se coloca una representante para la hermana mayor del esposo:

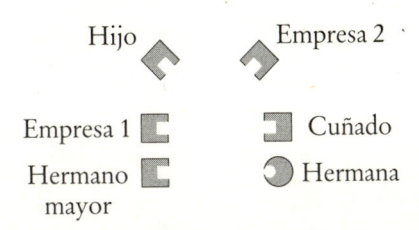

```
        Hijo              Empresa 2

    Empresa 1                 Cuñado
    Hermano                   Hermana
    mayor
```

Cuñado y hermana: Daniel, tú eres el fundador de esta empresa (empresa 2). Nos la cediste. Los dos te agradecemos y te honramos por esta gran ayuda porque estábamos mal económicamente.

Daniel se siente bien por este reconocimiento.

Esposo (Daniel al hermano menor): Cuando dejé mi lugar en mi empresa, para cederla a mi hermana y a nuestro cuñado, me abriste la puerta de la empresa (empresa 1). Como hermano menor me ayudaste. Después nos arreglamos económicamente y ahora esta empresa es mía y mi hijo también trabaja aquí. Sé que tú eres el fundador de esta empresa y de la nueva (empresa 3). Después de nuestro arreglo financiero, yo dirijo la empresa y voy a poner una placa en tu honor como fundador.

El hermano menor se siente bien.

Esposo: Empresa, sé que te fundó mi hermano menor. Ahora yo soy el propietario. Mi hijo trabaja aquí también y algún día heredará esta empresa.

Entra un representante para la nueva empresa (3) del hermano menor y éste se coloca a su lado. Se agrega también un representante para los clientes. Éste se va con la empresa (2) del cuñado.

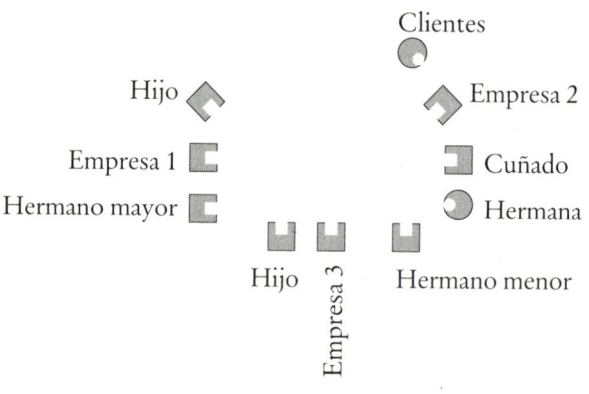

```
                        Clientes
                           ◖
       Hijo ◣                 ◢ Empresa 2
   Empresa 1 ▙                 ▟ Cuñado
Hermano mayor ▙                 ▟ ◐ Hermana
                ▟   ▙   ▟
              Hijo  Empresa 3  Hermano menor
```

Clientes: No me interesa la otra empresa (1).

Clara (desde su asiento, al hermano menor): Hice bien en casarme con tu hermano, mi esposo; en esta familia hay mucha solidaridad. Te reconozco y te honro. Tienes un buen lugar en mi corazón porque nos ayudaste cuando Daniel le dejó su empresa (2) a su hermana.

Ahora, el representante de los clientes se voltea y les sonríe a todos.

IR: *El reconocimiento lleva a la paz. Clara puede ser la mensajera de la paz visualizando, y luego verbalizando, lo que vio aquí.*

Es una familia con muchos valores y todos son muy solidarios: el hermano mayor le deja su empresa (2) a su hermana y a su cuñado, y se va. El hermano menor recibe a su hermano mayor en su empresa (1), y luego se va y construye otra (empresa 3).

Si todos los miembros de la familia pueden reconocer lo que han estado haciendo unos para otros, puede haber paz en el sistema familiar y en las empresas. Aun cuando los fundadores de las empresas 1 y 2 hayan salido de ellas, siempre en apoyo de una hermana o un hermano, hay que reconocerlos como fundadores.

También es importante reconocer que lo dado está dado (el hermano mayor a la hermana mayor de ellos) y que lo vendido está vendido (el hermano menor al hermano mayor), y que éstos fueron acuerdos entre los hermanos (la misma generación). La generación de los hijos de estos hermanos no tiene incumbencia en estas decisiones, como sucede con las herencias. Mientras tanto, ellos tienen un trabajo, aprenden y ganan dinero, y en el futuro seguramente serán los nuevos directores.

Los clientes no se sienten atraídos por empresas donde las cosas no están claras, y cuando hay claridad y reconocimiento, vuelven.

Manuel: Empresa con quiebras

"Mi empresa tiene 19 años; yo la fundé. Hace 13 años tuve una quiebra, después de mi divorcio. Hace cuatro tuve otra quiebra y perdí mucho dinero. No tengo socios. Ahora estoy en duelo porque mi papá murió hace dos meses. Quiero materializar los proyectos más importantes, tener más clientes y más proyectos, pero pierdo los concursos por diferentes razones. Empleo cuatro mujeres *free lance*. No me volví a casar, tengo una hija de 13 años del matrimonio, y otra de dos años."

IR: *Según estos resultados, parece que la energía está en otro lado y no en el negocio. Elige un representante para ti, otro para la empresa y otro para el equipo de las cuatro colaboradoras.*

Empresa
Representante de Manuel

Colaboradoras

El representante de Manuel mira a lo lejos. No ve a la empresa ni tampoco a sus colaboradoras. La empresa, bien plantada, quiere ver a las colaboradoras.

COLABORADORAS: Da escalofríos ver a Manuel.

Se colocan dos representantes de clientes con los que ha entrado a concursar:

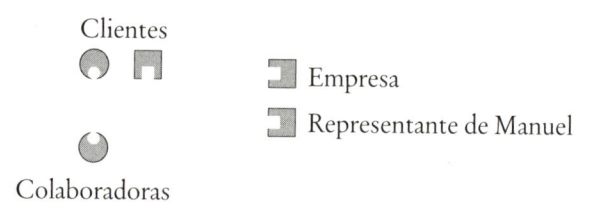

Clientes

Empresa
Representante de Manuel

Colaboradoras

El representante de Manuel tiene el cuerpo inmóvil; sigue mirando a lo lejos.

Los clientes no se interesan en él. Se mueven para mirar a las colaboradoras.

IR: *¿A quién estás mirando? Tus ojos no miran a la empresa ni a las colaboradoras, sino a la lejanía. Esto significa que quieres irte.*

Se agrega un representante para la ex esposa, que se para frente a él:

Clientes

Empresa

Representante de Manuel

Ex esposa

Colaboradoras

Manuel enfoca la mirada y empieza a avanzar, quiere ir hacia su ex esposa. Esto no les gusta a las colaboradoras, ni a la empresa ni a los clientes.

IR: *¿En qué parte no se ha cerrado el ciclo de la separación para que se pueda considerar una buena separación?*

MANUEL: Nuestra hija, es motivo de peleas constantes.

IR: *Parece que los pleitos los mantienen unidos.*

Se agrega un representante para la hija de 13 años:

```
            Clientes
            ● ⌐

Hija ◖                    ⌐ Empresa
           ◖    ⌐ Representante de Manuel
      Ex esposa

                ◐
            Colaboradoras
```

Manuel no puede resistir y avanza, dejando a todos. La hija se quiere acercar a su lado. Las colaboradoras vienen al lado de Manuel. Se saca a la hija de esta lealtad hacia su padre y se le coloca a igual distancia de papá y mamá:

```
        Hija    ⌐ Clientes
         ●       ◐
                    ⌐ Empresa
             ◖  ⌐ Representante de Manuel
        Ex esposa   ◐
                 Colaboradoras
```

Manuel entra a la constelación al lado de su representante.

IR: *Si quieres cerrar este ciclo podemos hacer el "ritual de la buena separación".*

MANUEL: Sí. (A su ex mujer:) Gracias por el tiempo que pasamos juntos y, en particular, por nuestra hermosa hija. Me diste mucho y lo guardo en mi corazón. Ojalá te puedas quedar con cosas buenas mías en tu corazón. Nuestro matrimonio valió la pena. Por mi parte, de lo que no funcionó entre nosotros, me hago responsable, y te dejo tu responsabilidad. Siempre seguirás siendo la mamá de nuestra hija, y yo su papá. Tú prepararás su boda, yo la llevaré al altar. Seremos los abuelos de los mismos nietos.

Ex esposa (se siente muy bien y espontáneamente dice): Deseo que te vaya muy bien.

Manuel: Aquí se acaba lo nuestro, como hombre y como mujer. Como padre de nuestra hija, siempre estaré presente. Cuentas conmigo (se dan la mano). Encontraste a un hombre para hacerse cargo de ti; mi responsabilidad ya solamente es con nuestra hija. Me gustaría hacer más cosas con ella, avisándote a tiempo.

Habiendo cerrado este ciclo con una respuesta favorable del representante de la ex esposa, se procede a mirar atrás, hacia el padre muerto, para dejar el duelo que paraliza a Manuel desde hace dos meses.

Entra un representante para el papá de Manuel.

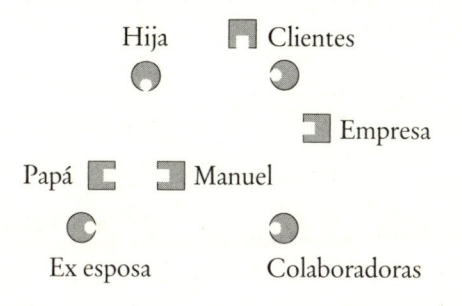

Hija Clientes

Empresa

Papá Manuel

Ex esposa Colaboradoras

Manuel: Papá, gracias por la vida y por todas las cosas que me enseñaste. De ti aprendí la fortaleza, el respeto, la integridad (se inclina). Tu ausencia me va doler un tiempo más, pero los valores que aprendí de ti, de mamá y de toda la familia me van a llevar adelante.

IR: *Ese duelo dura por lo menos un año, tratándose de un papá. Hay que tomarse ese tiempo por el ser amado.*

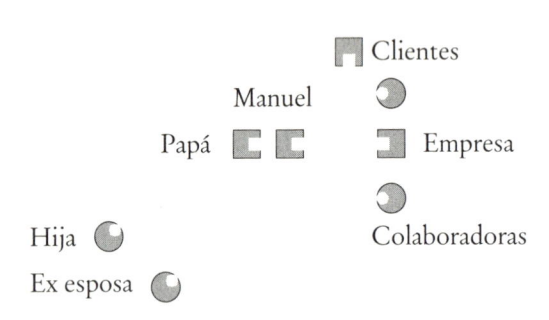

Manuel (ahora se dirige a la empresa): Estoy de vuelta, todavía no al cien por ciento porque vivo el duelo de mi padre muerto, pero cada vez estaré más fuerte, con integridad, fortaleza y respeto.

Manuel se vuelve a colocar con su empresa a la derecha, sus colaboradoras a la izquierda y su papá atrás de él:

Manuel: Empresa, yo tuve la idea, te cuido y te protejo.

Colaboradoras: Queremos que valores nuestros proyectos.

Los clientes se acercan y Manuel los recibe.

Manuel enfrentaba aún dos duelos: uno por el divorcio, que no había cerrado bien, y el otro por su padre muerto. Es como si la persona dejara parte de su energía en estos duelos, y esta energía no estuviera disponible para su proyecto o negocio. Lo sintieron las colaboradoras y los clientes. Y se manifestaba cuando perdía los concursos.

En las constelaciones se puede detectar esto; se llama "dinámica oculta". Oculta, porque no nos damos cuenta de ella, porque no es consciente. Por medio de la colocación de la situación, y mediante la información de los representantes, se puede hacer un diagnóstico para saber cuáles soluciones surgen de la constelación y cuáles pasos se podrían tomar. Para Manuel era el "ensayo" (dentro del grupo) para lograr una buena separación y cerrar paulatinamente el duelo por su papá: mirándolo, reconociéndolo, agradeciéndole y honrándolo. De esta manera tomamos a la persona muerta en nuestro corazón. Con el papá a sus espaldas, como su respaldo, con su energía y con su fuerza, Manuel podría volver a ser activo. Ésta es la energía que necesita para alcanzar los logros en la vida profesional, para tener la disciplina, la capacidad administrativa y el liderazgo que lo ayuden a llevar su negocio al éxito.

Alma y Luisa: Empresa heredada

"Queremos dejar atrás las cargas de la empresa y prepararla para prosperar. Es una empresa de tres generaciones, que ahora dirigimos tres hermanas. Es un negocio que inició con la fabricación de muebles artesanales y hoy es una comercializadora. Mi abuelo paterno empezó con los muebles y la abuela, su esposa, se vino a la ciudad de México con sus hijos para iniciar el negocio de comercialización. Sus tres hijos mayores se hicieron cargo de la empresa, pero quebró. Después, el tercer hijo (mi padre) la tomó y logró que floreciera nuevamente. Se arregló con el resto de la familia para quedarse él solo con el negocio y heredarlo a sus hijas. Ahora queremos hacerlo prosperar pero parece que está atorado."

IR: *Elige representantes para tus abuelos, para el negocio y para los tres hijos que iniciaron la empresa de comercialización.*

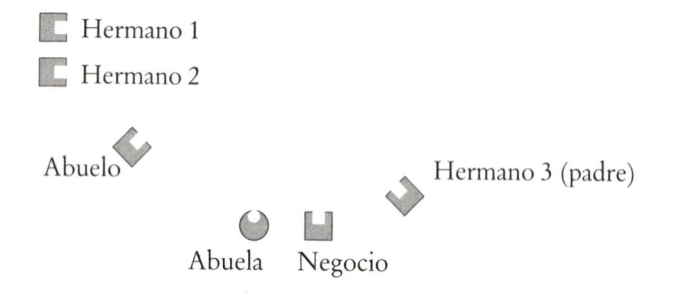

Hermano 1
Hermano 2
Abuelo   Hermano 3 (padre)
Abuela Negocio

Negocio: Estoy demasiado alejado del fundador, muy cercano a la abuela.

Abuelo: Me siento resignado.

ABUELA (viendo al frente): No me siento muy conectada.

HERMANO 1: Soy muy cercano a mi hermano (2), como cómplice.

HERMANO 2: Yo no me siento parte de la empresa, ni de nadie.

HERMANO 3 (padre): Yo me siento muy tranquilo, y fuerte con la empresa.

El negocio se divide en la comercializadora, por la parte de la abuela, y en la productora, por la parte del abuelo. Después se coloca un representante para la aportación financiera del hermano 3 (padre de las consultantes) que invirtió para hacer crecer el negocio:

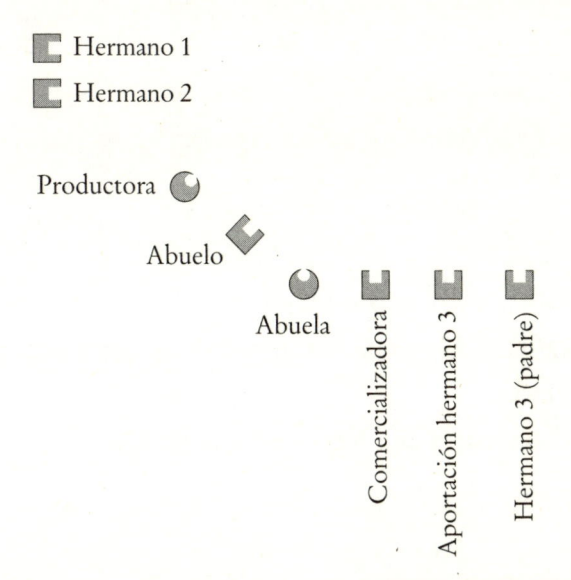

Hermano 1
Hermano 2

Productora
Abuelo
Abuela
Comercializadora
Aportación hermano 3
Hermano 3 (padre)

ALMA: Mi abuela se vino a la ciudad de México porque se supo que el abuelo tenía otra mujer con la que tuvo dos hijos, pero nunca se divorciaron. Mi abuelo siguió con la producción de muebles.

Se coloca un representante para la otra mujer del abuelo:

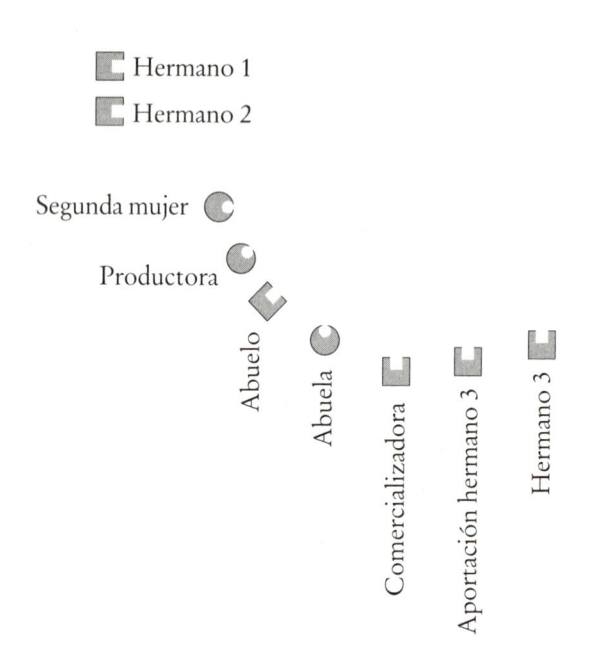

    Hermano 1
    Hermano 2

Segunda mujer

Productora

Abuelo   Abuela   Comercializadora   Aportación hermano 3   Hermano 3

ABUELO: Me siento mejor.

ABUELA: Ahora puedo mirar, aunque me siento desconectada.

Ahora entra una representante de Alma:

Hermano 1
Hermano 2
Representante de Alma

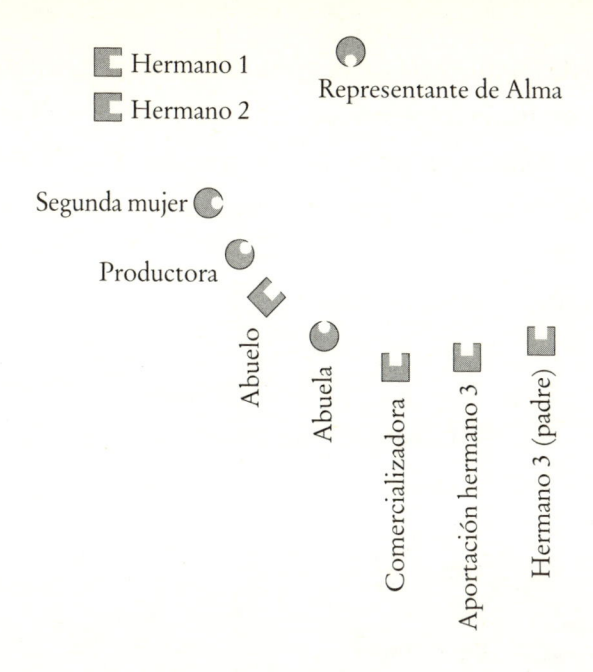

Segunda mujer
Productora
Abuelo
Abuela
Comercializadora
Aportación hermano 3
Hermano 3 (padre)

Hermano 3 (al hermano 1): En nuestra familia tú eres el mayor y yo soy el tercero, pero en la empresa yo dirijo. Tú tuviste tu oportunidad y no la tomaste. Luego yo aporté dinero, la salvé, la trabajé y ahora es mía. (Al hermano 2:) En nuestra familia tú eres el segundo y eres mayor que yo; yo soy el tercero, pero en la empresa yo dirijo. Tú tuviste tu oportunidad y no la tomaste. El negocio quebró, yo aporté dinero y trabajo, y ahora es mía. (A sus padres:) Gracias, padre; gracias, madre, por el negocio que crearon juntos. Gracias a ti, padre, por la parte de la producción, y a ti, madre, por la parte de la comercialización. Cuando quebró la empresa de papá, yo aporté dinero y trabajé para que esta empresa siguiera con vida.

IR: *Después de la quiebra de un negocio, el que la sana financieramente tiene un mérito. Y en una empresa hay que hacer méritos para pertenecer. Este hijo hizo méritos, salvó la empresa y tiene el derecho de quedarse con ella.*

Entra Alma en su lugar:

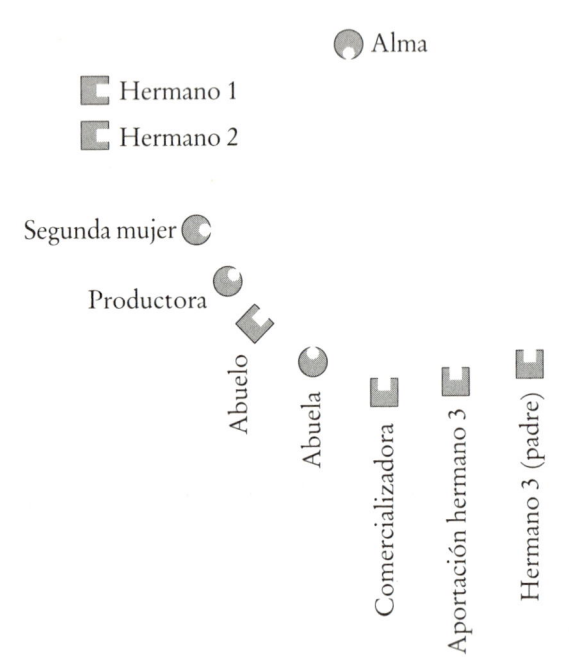

                     Alma
        Hermano 1
        Hermano 2

Segunda mujer
Productora
Abuelo
   Abuela
      Comercializadora
         Aportación hermano 3
           Hermano 3 (padre)

Alma: Esta parte (señala la imagen del abuelo y de su familia) la teníamos olvidada y ahora me queda más claro el problema. Me gusta ver esto (señala a los tíos) porque siempre se dijo que mi papá se había quedado con todo; ahora me doy cuenta de que era su derecho porque invirtió dinero para salvarla cuando quebró, y sus hermanos se fueron y no hicieron nada.

Las consultantes reportan que al recibir la herencia la tercera hermana sólo recibió 20 por ciento porque ésa fue la voluntad de su padre.

ALMA (al abuelo): Tú tuviste la idea de la empresa; fuiste el fundador y te agradezco que hayas apoyado a la abuela para que ella pudiera crear la comercializadora. Así tuvieron ingresos y ella logró sacar adelante a sus hijos: mi papá y sus hermanos.

IR: *Él pudo haber comercializado con su nueva mujer, así que hay que reconocer esto.*

Lo reconocen y el abuelo se ve y se siente más fuerte.

ALMA: Usted, señora (a la segunda mujer), pagó un precio porque no se quedó con el negocio. (A los hijos del abuelo y a su segunda mujer:) Y ustedes son nuestros tíos también. (A la abuela:) Gracias, abuela, por haber creado este negocio; te lo reconozco (se inclina). (A los tíos primero y segundo:) Ustedes tuvieron su oportunidad y no la tomaron. Entraron, dieron algo y la empresa les dio algo a cambio. No se quedaron, la empresa quebró y ustedes se dedicaron a sus propios proyectos.

OTROS HERMANOS (tíos): Ahora nos sentimos bien. Sí, nos dedicamos a nuestros propios proyectos.

ALMA (al padre): Después de dos pérdidas casi totales de la empresa, la reconstruiste e invertiste dinero. Eso te da el derecho de quedarte con la empresa (se inclina ante él).

El representante de la productora se cambia al lado del padre de Alma, donde se siente bien.

Ahora, al lado de Alma, se colocan las otras dos hermanas y, cerca, tres clientes:

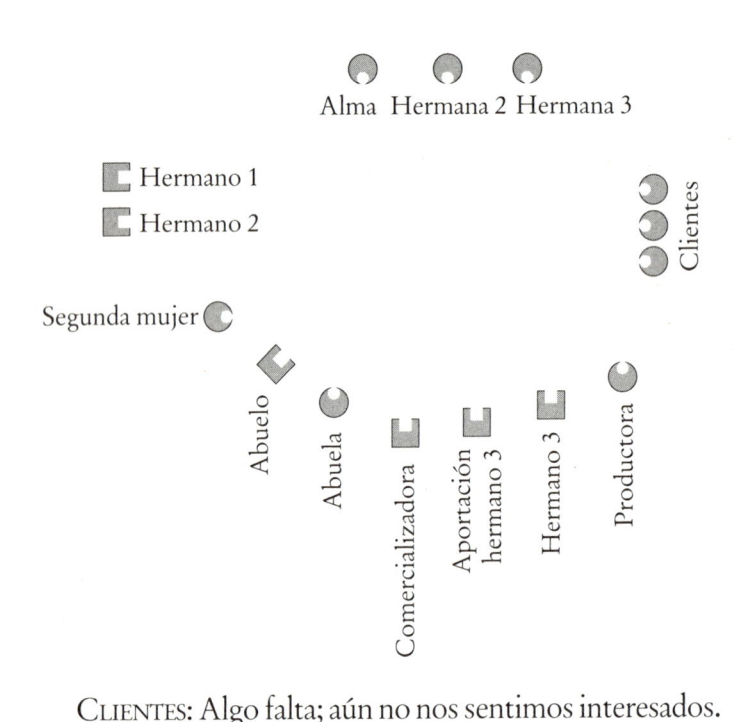

Alma   Hermana 2   Hermana 3

Hermano 1
Hermano 2

Clientes

Segunda mujer

Abuelo
Abuela
Comercializadora
Aportación hermano 3
Hermano 3
Productora

CLIENTES: Algo falta; aún no nos sentimos interesados.

ALMA (a la tercera hermana): Nosotras dos tenemos 80 por ciento de la empresa, que es la herencia de nuestro padre. En realidad, solamente tenemos derecho a 66 por ciento, así que te vamos a entregar el 13 por ciento restante de tu herencia porque eres nuestra hermana y vamos a repartir la herencia en partes iguales entre las tres.

Los clientes ahora se acercan y se colocan entre las hermanas y el negocio. Expresan su interés por este negocio.

IR: *Cuando la repartición no es equitativa, los clientes se muestran poco interesados. Las herencias se reparten en partes iguales entre todos los hermanos porque de lo contrario no puede florecer la empresa.*

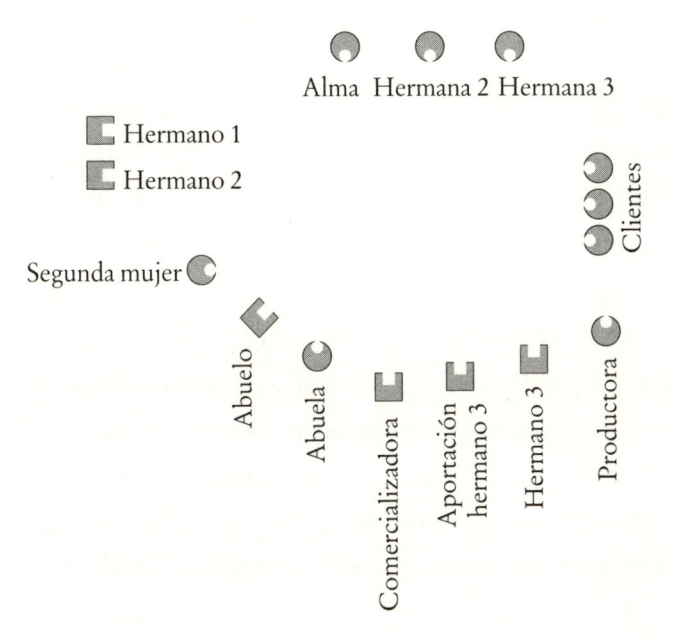

Alma   Hermana 2   Hermana 3

Hermano 1
Hermano 2

Clientes

Segunda mujer

Abuelo
Abuela
Comercializadora
Aportación hermano 3
Hermano 3
Productora

IR: *Comprobamos otra vez que cuando hay orden en una familia o en una empresa la energía puede fluir de otra forma. Si los abuelos lograron generar un negocio, esta habilidad queda en el campo morfogenético de la familia, así que ustedes tres también podrán lograrlo.*

En cuanto a las herencias, éstas se reparten en partes iguales. Si no se hizo así, porque el que hereda lo dispuso de otra forma en su testamento, las hijas destinadas primero la toman cumpliendo la última voluntad de su padre y luego la reparten de manera equitativa entre ellas.

Quiero decir algo más sobre las herencias. Son un regalo, no un derecho ni una obligación de los padres hacia sus hijos. Son el patrimonio acumulado mediante los esfuerzos de las personas que desean cederlo a sus herederos. Simbolizan una vida de acciones, tomando riesgos y generando ingresos con una buena administración del dinero, del ahorro y de la inversión. Los hijos no tienen derecho a este patrimonio; los padres tampoco están obligados a heredarlo a sus hijos. Este patrimonio sirve para que los padres, en su vejez, en su fragilidad, y quizás en su enfermedad, tengan un estilo de vida digno en esa época de su vida.

En una ocasión, una consultante perdió la relación con sus hermanas, con sus cuñados y con sus sobrinos por haber recibido de su abuela una herencia: una casa de medio millón de dólares. Se le recomendó que repartiera la casa en partes iguales entre las tres hermanas. Se tardó un tiempo pero lo hizo, y así recuperó a su familia. Después de un tiempo, un tío murió y les dejó otra herencia. También la repartieron en partes iguales y ella, al final, se quedó con un monto similar a la herencia original.

Mari y Andrea: "A nuestro proyecto no llega el éxito"

"Tenemos la preparación y la experiencia adecuadas y trabajamos mucho, pero el éxito no llega. De repente no concretamos los proyectos. Estamos asociadas desde hace tres años en una empresa que se dedica a la capacitación. Y, además, somos independientes en nuestro trabajo de terapeutas. Éramos conocidas, no amigas. Mari tuvo la idea. Buscaba ayuda para impartir los cursos que sabemos dar en una escuela. También tenemos dificultades para ponerle precio a nuestro trabajo."

IR: *En cuanto al precio, quiero decir que es bastante arbitrario; en última instancia, pero generalmente, depende de la oferta y la demanda del mercado. La persona que trabaja bien y da lo mejor de sí, debe sentir que el precio por su trabajo está por debajo del valor que el cliente recibe, y disfrutar por que el cliente se vaya contento, con la sensación de haber recibido mucho más valor que el precio que pagó al final.*

MARI: No termino de amarrar algo en mis citas para trabajar; algo no funciona. Mi familia está "salada" desde hace varias generaciones. Todos mis hermanos heredaron en vida, yo no.

ANDREA: Yo también voy a mis citas de trabajo y no aumentan mucho. En mi familia perdieron la hacienda. Mi abuelo renunció a su dinero.

IR: *Elijan un representante para cada una de ustedes y alguien que represente el proyecto.*

◖ Representante de Mari

Proyecto ◧

◐ Representante de Andrea

La representante de Mari tiene más energía; ella busca el proyecto. La representante de Andrea mira al suelo.

Se quiere recargar en el proyecto. Éste no se siente vivo. Mari se comporta como si ella hubiera tenido la idea del proyecto y toma el lugar a la derecha de dicho proyecto.

La representante de Andrea está desconectada, con la mirada en el piso. Andrea platica que su papá fue huérfano a los nueve meses, cuando murió su mamá, y cree que quizás por eso ella no se da permiso de tener éxito y florecer en el trabajo por ver el sufrimiento de su papá. Andrea entra en el lugar de su representante. Ahora se coloca un representante para su papá. Ella se da la vuelta para mirarlo y empieza a tener muchos sentimientos de tristeza.

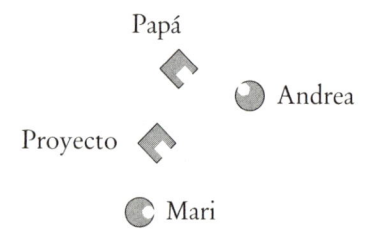

Papá

Proyecto *Andrea*

Mari

IR: *Parece que este ciclo aún está abierto; es como si tú estuvieras cargando el duelo de él, lo que se llama "sentimientos prestados" (sentimientos que pertenecen a otra persona y que tú estás cargando por ella). Y esto te resta energía para tus propios proyectos. Te propongo realizar un ritual para cerrar este duelo y para devolverle a tu papá estos sentimientos que tú has estado cargando, que son parte de su vida, no de la tuya.*

ANDREA: Papá, tu destino fue difícil. Ahora reconozco tu sufrimiento, tus limitaciones, tu fuerza y tu grandeza: te honro. ¡Gracias por haber seguido con tu vida y por haberme dado la mía, junto con mamá (abraza fuertemente a su papá). De ti tengo la fuerza y le estoy dando buen uso en mi vida, con mi esposo, con mis hijos y con mi profesión, y ahora también en este proyecto con Mari. Tu tristeza, que he cargado tanto tiempo, te la devuelvo, porque al devolvértela te honro.

Andrea se siente mucho mejor después de este ejercicio; más ligera, como liberada y energetizada, pero dice que le falta algo más porque le preocupa su hermana que parece deprimida y teme por ella.

Se coloca un representante para la hermana y otro para los clientes (que van a servir de "termómetro" o de retroalimentación para saber si los pasos que se están dando y que surgen de la información de los representantes en la constelación son los correctos):

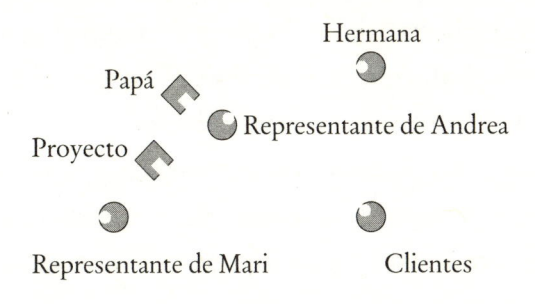

```
                        Hermana
                          ●
         Papá  ◐
                    ◐ Representante de Andrea
      Proyecto
                ●
      Representante de Mari      Clientes
                                     ●
```

ANDREA (a su hermana): Te honro, honro tu vida y honro tu destino. Ahora suelto mi afán de ayudarte a cambiarlo o de cargarlo en tu lugar. Esta energía que había puesto en ti para ayudarte a soportar tu vida, la voy a utilizar ahora en este proyecto. Sigues siendo mi hermana y yo sigo siendo tu hermana, siempre.

IR: *Vamos a preguntar a los clientes.*

CLIENTES: El proyecto aún no me atrae; sigue habiendo mucha tristeza aquí.

La representante de Mari ahora expresa que su papá murió cuando ella tenía tres años, y que siempre lo ha extrañado y necesitado. Se agrega un representante para su papá:

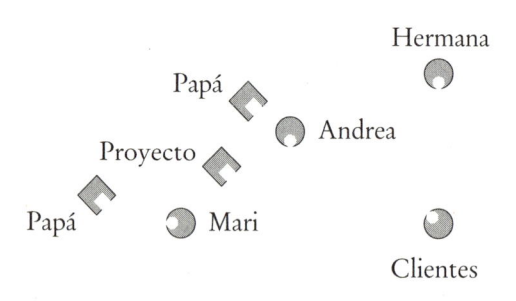

Mari empieza a llorar. El proyecto empieza a sentirse más vivo, conforme las dos mujeres estén haciendo sus respectivos procesos, cerrando ciclos.

IR: *La energía de este proyecto era baja porque ambas colegas cargaban un duelo: un padre muerto cuando la hija tenía tres años, y un padre huérfano de mamá a sus nueve meses.*

MARI (enojada): Ya no quiero ver al pasado, no quiero ver a mi padre, no quiero sentirlo.

Ahora, el representante de los clientes se enoja. El proyecto se debilita, casi cae al suelo.

Mari: Todavía me duele mucho; no lo puedo hacer, lo voy a pensar, no estoy lista.

IR: *Toma tu tiempo... Míralo y decide si quieres seguir viviendo así, con este enojo, o si prefieres dar fin a esa etapa triste de tu vida...*

Después de un largo rato, Mari se arrodilla frente a su padre como si tuviera tres años, en señal de querer hacerlo. Se le proporcionan las palabras para este ritual.

Mari: Papá, gracias por la vida, así pude crecer como mujer y me pude casar, amar a mi esposo y ser amada por él, y procrear a nuestras tres hijas, tus nietas. Estuviste conmigo tres años, y me hubiera gustado que fueran más. Fueron aproximadamente 1 200 días. No me acuerdo de mucho, pero sé que en mi corazón, en mi alma y en mi cuerpo están inscritos tus abrazos y tus besos (abraza a su padre desde el lugar de la niña, arrodillada frente a él).

Papá de Mari: Desde aquí donde estoy siempre te he acompañado, y cuando veas un solo par de huellas en la arena, es porque yo te estoy cargando. (Mari se levanta como en señal de su crecimiento de niña a adulta, y lo abraza fuertemente. Después, el padre de cada una se para detrás de su hija respectiva.)

Andrea (pensativa, voltea hacia Mari): Ahora puedo reconocer que tú tuviste la idea y enseguida me invitaste; ésa fue mi confusión porque ocurrió casi al mismo tiempo...

Las dos toman el proyecto entre sí, Mari a la derecha y Andrea a la izquierda. Los clientes están contentos y se sienten atraídos hacia el proyecto.

```
    Papá de Andrea              Hermana de Andrea
    Papá de Mari        Andrea
                    Proyecto
                 Mari
                         Clientes
```

Cuando se abre un negocio en sociedad con otra persona, especialmente con amigos, esposos o familiares, se necesita tener más claridad y más inteligencia que en la mayoría de los demás negocios.

Es particularmente importante en ese tipo de negocio saber con precisión quién originó la idea. Generalmente los socios contestan: "Pues los dos juntos", pero muchas veces existe confusión al respecto, y también en torno a la persona que tuvo la idea porque ya pasaron los años.

La persona de la idea se asume como tal y como creadora al declarar: "Yo tuve la idea, y casi inmediata o simultáneamente invité al/a la amigo/a, al/a la esposo/a o al familiar a participar conmigo en ella". En las constelaciones hemos observado que la persona que tuvo la idea ocupa un lugar prioritario en la línea del tiempo de la empresa, o sea, en la historia de un proyecto o negocio. Si esto se reconoce, hay armonía entre los socios, los colaboradores y los clientes.

Cuando se aclara esa parte, se empieza a diluir el obstáculo y algo cambia en la constelación y entre los socios, y particularmente con los clientes que se sienten más atraídos a un proyecto o un negocio en el cual existe esa claridad que también tiene que ver con la ética: la ética para poder reconocer a la persona que tuvo la idea.

Otro obstáculo puede ser la vida personal de los socios, su historia familiar, los eventos. En la breve entrevista inicial, ambas socias hablaron de situaciones familiares particulares en torno al dinero: las dos habían vivido pérdidas. Mari no había heredado, el abuelo de Andrea renunció a su herencia y se perdió una hacienda. En una generación posterior hubo otra pérdida: el padre de Andrea perdió a su mamá a sus nueve meses. Aparentemente, por su amor ciego a su padre, Andrea cargaba el duelo de aquél y esto le restaba energía para su propia vida.

Cada vez que cargamos con los sentimientos o el destino de otra persona, cuando nos hacemos responsables en ese sentido del destino de otra persona, perdemos parte de nuestra energía para nuestro propio proyecto de vida. Es un obstáculo importante en muchas personas: quieren ser exitosas, pero —casi de manera paradójica— no lo logran porque no están viviendo su propia vida sino la de otras personas, lo que también se puede ver como una lealtad invisible o inconsciente porque la persona no se da cuenta de eso.

Al hacer la relación entre estos dos eventos, uno del pasado de otra persona y el otro en el presente del consultante, se conoce la situación inconsciente, y la persona se da cuenta de la misma. Al tomar conciencia, podrá actuar diferente y, así, lograr resultados diferentes; es decir, el éxito.

Muchas veces, un pequeño ritual, el cual puede despertar sentimientos del pasado, es suficiente para retomar la propia vida y recuperar la felicidad, la plenitud y la paz. Nuestra parte de hijo/a, hermano/a, nieto/a amoroso/a, inconscientemente quiere aligerarles la vida a sus seres queridos, vivir la vida de ellos y hacerse cargo de ellos, y siempre serán las personas que más amamos. Esto es el amor ciego, y donde hay amor ciego, hay sufrimiento.

Lo asombroso que se observa en las constelaciones es que pareciera que los clientes captaran que existen asuntos personales y familiares no acomodados, no resueltos, y tienden a alejarse de un negocio en esas condiciones. Conforme las personas involucradas conocen la situación, toman conciencia de ella y la acomodan durante la constelación (a veces también posteriormente en su casa), en esa medida los clientes se sienten atraídos al negocio.

Aun los mayores sufrimientos nos han dado lecciones y podemos empezar a verlas cuando la mirada se dirige hacia lo esencial: que estamos vivos, lo cual no es trivial. Esta vida la recibimos de nuestros padres y es lo más importante en el enfoque de las constelaciones, aun cuando el/la consultante se queja de que haya sido demasiado poco. Junto con mamá, recibimos la vida también de nuestro padre, y cuando se puede reconocer que ahora, como persona adulta, esa vida recibida por los padres es lo que nos da la posibilidad de vivirla, surge una gran fuerza, una fuerza que se puede aplicar ahora a la propia vida y también emplear en los proyectos profesionales para vivir la plenitud y la abundancia.

Estela: Falta de creatividad

"Quiero recuperar mi creatividad para hacer un negocio nuevo. Tengo una tienda en la colonia Condesa donde vendo cosas que importo de Brasil. La voy a cerrar, pero no sé qué quiero hacer después. Lo que sé es que en el futuro deseo recuperar mi creatividad para tener ideas y realizarlas. Por lo pronto sé que quiero viajar y ganar dinero suficiente."

IR: *¿Por qué no colocas tu negocio y el proyecto en el futuro para echar una mirada a la situación?*

Estela coloca la constelación eligiendo un representante para ella, uno para el negocio que ahora tiene y otro para algo del futuro que aún no sabe qué es.

Futuro

Negocio

Representante de Estela

La representante de Estela está mirando hacia el futuro. El negocio reporta que no se siente atendido. Se queja de que le dio mucho a Estela y ella no lo ha reconocido. Por eso el futuro (o próximo negocio) no tendrá oportunidad.

Estela entra a la constelación y ocupa su lugar.

IR: *Antes de abrir cualquier ciclo nuevo, es importante cerrar los anteriores. Tú ya estás contemplando el futuro sin mirar el negocio que te ha dado tanto, el cual va a ser parte de tu pasado en cuanto lo cierres. Vamos a aprender a cerrar ciclos, porque entonces estaremos listos para que la vida siga, para tener nuevos proyectos y éxito con ellos. Para esto hay que seguir cuatro pasos: mirar (observar con conciencia), reconocer (lo que nos han dado), agradecer (todo lo que hemos recibido) y honrar o integrar toda esta experiencia a nuestra vida, lo cual nos da experiencia y fuerza para el siguiente proyecto.*

Estela (mirando al negocio): Cuando tuve la idea te encontré un sitio en un lindo barrio, la Condesa, el corredor alimenticio y cultural de la ciudad de México. Puse todo en orden, conseguí los permisos correspondientes y ahora eres un negocio legal. Decoré el local con productos brasileños y conseguí música para hacer un espacio agradable. Todo esto lo hice, te lo di y lo valoro.

Negocio: Me empiezo a sentir bien; ahora ella me está atendiendo, y estoy encantado por la inversión que ha hecho en mí, tanto de dinero como de creatividad, y por todos sus cuidados.

Estela (empieza a reconocer lo que el negocio le ha dado en esos años): Aprendí mucho de ti. Me diste la oportunidad de relacionarme con muchas personas, de viajar a Brasil y de conocer otra cultura, y también me diste una buena cantidad de dinero. Así nos acompañamos mutuamente durante algunos años. Te doy las gracias por todo lo que me diste. Ahora estoy pensando en dar el siguiente paso, con todos estos aprendizajes.

Encontré a la mejor persona para que te cuide y para que yo pueda venir a visitarte.

El negocio se siente pesado; deja de sentirse bien como antes.

Estela (al negocio): Me diste dinero, pero mis ambiciones son más altas y quiero más.

El negocio se desequilibra, casi se cae...

Estela (al negocio): Reconozco lo que me has dado, te doy las gracias y te honro.

El negocio no la siente sincera, la percibe como si hablara de dientes para fuera. No la ve con buenos ojos. Estela se planta bien, con las piernas separadas, y se inclina.

Estela (honrando al negocio): Me voy crecida, te agradezco y te suelto. Me llevo mis conocimientos. Te llevo dentro de mí, en mi corazón, y en cualquier otro trabajo, en cualquier otro negocio que abra, tú estarás siempre presente dentro de mí.

Hace una reverencia ante el negocio y se queda un rato así. Al enderezarse lo mira largamente; se le humedecen los ojos. El negocio se suaviza y empieza a mirarla con buenos ojos. Luego, ella se da la vuelta, hacia el futuro...

IR: *Al realizar estos cuatro movimientos: mirar con conciencia, reconocer qué me han dado, agradecerlo y honrarlo, se alcanza la integración. Son los cuatro pasos para cerrar un ciclo. Para abrir un nuevo ciclo, un nuevo proyecto, una nueva relación, un nuevo empleo, vivir en una nueva casa, primero hay que cerrar el ciclo anterior. Si no se hace, uno deja ciclos abiertos y una parte de nosotros se queda atada, conectada con lo anterior, de este modo perdemos energía para lo nuevo. Son como fugas de energía, como si el nuevo proyecto captara que uno no está con toda la energía disponible. Y esto se constituye en un obstáculo para el éxito. Para tener éxito necesitamos el cien por ciento de nuestra energía.*

Te recomiendo que realices un ritual en la tienda tú sola: primero recorre cada cuarto, cada rincón del lugar, y luego siéntate en medio de todo o en tu lugar favorito. Llora si esta despedida te inspira tristeza y nostalgia. Hay que sentirlo para luego soltar todo. Así, este ciclo se cerrará y la energía estará a tu disposición para tener éxito.

Humberto Maturana dice que nuestra biología, de cientos de miles de años, es de animales amorosos y por eso establecemos vínculos con personas, cosas y conceptos. También nos vinculamos a una casa, a un lugar, al trabajo, y nos mueven emociones de amor.

Sugiero que realicen este ritual de despedida con sus casas, con sus empleos, con sus jefes (aun con quienes los hicieron sufrir), con sus ex novios y ex novias, con sus ex maridos y ex esposas, con sus amigos y colegas y, especialmente, antes de iniciar un nuevo proyecto, para poder empezarlo con toda la energía, la fuerza y todas las posibilidades para tener éxito. Son cuatro pasos: mirar (observar con conciencia), reconocer (lo que nos ha dado, bueno y malo, el aprendizaje), agradecer todo esto y honrarlo (haciendo la reverencia) para integrarlo como fuerza en ustedes y en su nuevo proyecto. ¡Buena suerte!

Blanca: Independencia financiera

"Quiero tener mi propio negocio y ganar mi propio dinero, ahora que mis hijos ya están grandes y salieron de la casa."

IR: *¿Cuánto?*

Blanca: 10 000 dólares mensuales.

IR (a todo el grupo): *Hagan este ejercicio: apunten ustedes la cantidad de dinero que quieren ganar al mes... y luego agreguen "por lo menos". Una vez que se hayan atrevido a anotar la cantidad, tomen la decisión de generarlo, porque muchas personas tienen el deseo de más dinero, pero no todo el mundo* DECIDE *tenerlo.*

¿Para cuándo lo quieres ganar?

Blanca: Quiero ganarlo ya.

IR: *Hay que fijar un plazo realista. Sugiero un año, aproximadamente. Si lo ganas antes, está bien. Puedes cambiar la meta un día antes del plazo que te impusiste para no decepcionarte si aún no lo logras. ¿Cómo lo vas a ganar?*

Blanca: Quiero emprender un negocio de nutrición enfocado a la mujer. Tengo buena salud y la quiero compartir.

IR: *Algunos economistas pronostican que el siguiente ciclo económico mundial se dirige a negocios de la salud como tarea social. Vamos a hacer una constelación de diagnóstico para ver si como planeaste tu proyecto podrá tener éxito.*

Elige una representante para ti, otra para el proyecto y una más para los 10 000 dólares de tu meta.

Representante de Blanca   Proyecto

Dinero

La representante de Blanca mira el proyecto. Se alejan el dinero y el proyecto. Ella sólo ve el proyecto.

Dinero: No me interesa llegar a ella.

Proyecto: Me retiré porque me sentí incómodo.

Representante de Blanca: Sé quién es el proyecto y qué representa. El dinero es nuevo para mí. Estoy anclada y no puedo caminar.

Blanca: En la relación con mi esposo me siento atorada. Tenemos 18 años de matrimonio. Los hijos ya están saliendo de la casa. Es mi tercera relación. Del primer matrimonio tengo una hija, del segundo otra, y tres en éste. Mi esposo tiene un negocio y ya quiere dejar de trabajar (él fundó el negocio). Me lleva 17 años, tiene 67. Quiere retirarse, descansar y viajar.

Se resignifica al representante del dinero como el esposo, y se toma otro representante para el dinero. El esposo se retira de Blanca inmediatamente. Se interesa más en los 10 000 dólares que en ella, y Blanca parece no estar interesada en los 10 000 dólares porque no los mira.

IR: *Vamos a hacer una prueba para ver si realmente estás cómoda al lado del dinero que quieres ganar.*

Se coloca el dinero al lado de la representante de Blanca y ella aún no lo mira:

Representante de Blanca

Dinero ◕ ◕ ◕ Proyecto

◆
Esposo

Se agrega un representante para el dinero del esposo, el cual va a resultar de la venta del negocio que él está negociando, y se coloca a su derecha.

La representante de Blanca busca su lugar entre su proyecto y su dinero. Se acerca a su esposo pero él se retira de ella, así que Blanca también se retira de él. La representante dice que le duele, pero como su esposo se retira de ella, el lugar entre su dinero y su proyecto es el correcto.

Proyecto
Representante ◕ ◕ ◕ Dinero
de Blanca

◕ Negocio + dinero de la venta
◆
Esposo

Ahora, Blanca ocupa su lugar. Le gustaría estar más cerca de su esposo pero él se aleja. Ella se pone a su lado izquierdo. Él se siente incómodo. Blanca se separa de su esposo y sigue a su proyecto y al dinero:

Negocio + ◕ ▉ Esposo
dinero de la venta

Dinero ◕ ◕ ◕ Blanca
Proyecto

BLANCA: Quiero libertad para hacer las cosas que me gusta hacer...

IR: *Él vende su negocio por lo mismo, porque también quiere la libertad que da el dinero, después de toda una vida de trabajo, para hacer las cosas que le gustan. Ambos están en ciclos vitales diferentes: tú estás en la fase del nido vacío y quieres trabajar y ganar dinero; y él se quiere retirar, viajar y disfrutar de su dinero. Parece que ambos quieren seguir sus sueños, que son diferentes. Cuando tú estás cerca del proyecto y del dinero que quieres ganar, él se aleja... ¿Cómo podrías tranquilizarlo para que no piense que lo estás dejando?*

BLANCA (se para frente a su esposo): Te amo y quiero estar contigo, eres mi esposo y yo soy tu mujer. La prioridad en mi corazón y en mi vida es estar contigo, pero también quiero tiempo para mí y para mi negocio.

El representante del esposo no le cree. Entonces ella se cambia al lado izquierdo de él para salir de la posición que señala conflicto.

BLANCA (al esposo): Te doy las gracias por incluirme en tus planes. Quiero compartirlos contigo, pero de vez en cuando necesito mis espacios. Me encanta viajar contigo. A veces me conecto al negocio a través de internet, mientras tú haces tus ejercicios de pilates.

Mientras vendes el negocio, yo abriré mi negocio para que funcione solo. Lo voy a delegar en alguien para poder viajar contigo. Y de vez en cuando, con el dinero que voy a ganar, yo te invitaré, en agradecimiento por todo lo que me has dado durante nuestro matrimonio.

Ahora, el esposo la mira, muestra interés en Blanca y dice que ya le tiene más confianza, que ya no tiene miedo de que lo deje, y mira el proyecto y el dinero de ella con beneplácito.

IR: *Es muy acertado plantear tu proyecto de esta manera: que primero eres su mujer y él es tu hombre, y lo amas y quieres estar con él. Y, en segundo lugar, preséntale tu plan de cómo realizarlo, conservando tu vínculo y tu relación amorosa con él, para tener una larga vida juntos.*

Estás cerrando el ciclo de ser mamá de hijos pequeños y quieres hacer el trabajo y gozarlo. Él quiere disfrutar el dinero de la venta del negocio, después de haber estado afuera en el mundo trabajando, y quiere viajar, gozar, ser independiente.

Muchas veces nos planteamos las opciones como opuestos, como si se excluyeran mutuamente. En el modelo sistémico que incluye la cibernética, la vida es el "y", no el "o" de los antiguos paradigmas. ¿Abro mi negocio o estoy con mi pareja? Desde la prioridad del corazón de estar con la pareja, el negocio va a salir adelante casi por sí solo, amorosamente.

Además, hoy en día se puede trabajar casi desde cualquier parte a través de internet: se puede tener pareja y negocio. Éstos también son cambios sociales, porque la pareja puede pasar tiempo junta, y también se puede atender un negocio para ganar dinero —prácticamente desde la casa vacacional y durante los viajes—, y tener un sentido de vida.

En esta pareja pronto habrá una buena entrada de dinero mediante la venta del negocio, con lo cual se realizará así un sueño del esposo: hacer las cosas que disfruta. Hay que recordar uno de los sentidos del dinero: sirve para hacer lo que más te gusta y para dejar de hacer lo que ya no te gusta o ya no quieres hacer. Entonces puedes delegar esas actividades y, además, crear fuentes de empleo. El de la idea arranca el negocio, encuentra buenos colaboradores, crea las condiciones para que puedan trabajar produciendo y ofreciendo el servicio, y después de un tiempo delega el trabajo a otros.

Si Blanca y su esposo se dan la oportunidad, pueden sentarse las bases para un futuro diversificado, placentero, durante el cual disfrutan tanto de sus tiempos libres y de sus viajes, como de los momentos que ella querrá dedicarle a su negocio.

Iliana: "La casa heredada no se vende"

"Heredé una casa con mi hermano mayor. Ahora no hay manera de que se venda. Después de que murió mi papá intestado, mi mamá vivió en esta casa muchos años. Ella murió hace dos años. En mi familia murieron dos hermanos menores, uno de dos meses y otro de 12 días. Hoy en día, no le hablo a mi hermano mayor."

IR: *Cuando los padres no hayan hecho un testamento siempre deja a la familia con muchos problemas.*

Iliana, escoge representantes para ti, para la herencia, para tu hermano, para tu mamá y para tu papá.

Representante
de Iliana   Casa

Hermano

Papá

Mamá

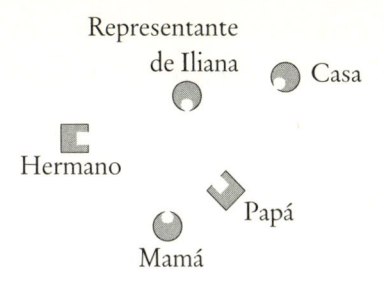

MAMÁ: Me siento conectada con la casa.

HERMANO: Yo estoy muy triste.

PAPÁ: A mí la casa no me importa.

REPRESENTANTE DE ILIANA: Estoy preocupada por mi hermano.

Se colocan representantes para los hermanos muertos enfrente del hermano mayor, y otros para los eventuales clientes de la venta de la casa.

La casa se va hacia los clientes, luego hacia el representante de Iliana, pero no tolera la mirada de la mamá, quien la ve con angustia. Posteriormente, la casa se va con el papá, quien siente mucho malestar; la casa se compró con su sueldo. Los clientes se alejan. La casa no se siente reconocida. El hermano se voltea.

Hermanos
muertos   Representante
           de Iliana   Casa
Hermano

                       Papá
Clientes   Mamá

REPRESENTANTE DE ILIANA (al ver a los hermanos que no nacieron se dirige a ellos): Yo me acuerdo de ustedes, los veo y ahora los pongo en mi corazón. (Dirigiéndose al hermano): Sé que tú cargaste más, porque eres el mayor y también porque eres varón, como ellos; esta circunstancia me dejó más libre a mí, mientras tú les ayudabas a nuestros padres a cargar su tristeza por ellos.

PAPÁ: Estoy más relajado y tengo ganas de descansar (se acuesta).

IR: *El hermano reporta que sigue muy implicado con los hermanos muertos.*

Iliana toma su lugar en la constelación.

ILIANA (al hermano): Pude haber sido yo la mayor, pero fuiste tú quien cargó con esto y quien apoyó a nuestros padres en este dolor; lo reconozco (hace una ligera reverencia ante él).

El destino se pone detrás del hermano.

IR (a Iliana): *Echa una segunda mirada al destino de tu hermano, en lo que llamamos la "mirada más allá" (más allá de él, de su persona, a su destino). Si él lo elige así, no podrás hacer nada, en última instancia. Tú quieres rescatar a tu hermano. El amor de los hermanos es incondicional, y mientras más se ama, más queremos cambiar el destino del otro o cargarlo por él.*

ILIANA: Hermano, quiero que te quedes; pero hagas lo que hagas, siempre serás mi hermano y estarás en mi corazón (abraza a su hermano y llora en sus brazos, con amor).

Él la mira y se percibe la reconciliación entre los dos después del reconocimiento de ella hacia él.

```
                    Representante
        Hermanos    de Iliana      Casa
        muertos        ◐        ◐
Destino  ◐  ┌ ┐
           ├ ┤
Hermano    └ ┘
                           ┐
                           ┘ Papá
           ◐      ◐
        Clientes  Mamá
```

MAMÁ: Me siento mucho mejor cuando nuestros hijos se miran (los mira con cariño y deja de mirar a la casa).

Ahora, la casa se aleja de la mamá, y se va con los clientes, quienes la miran con interés. Los clientes, contentos, sonrientes, se quedan con la casa.

El padre descansa, la madre también, a su lado, abrazados. Los dos hermanos se inclinan ante los padres.

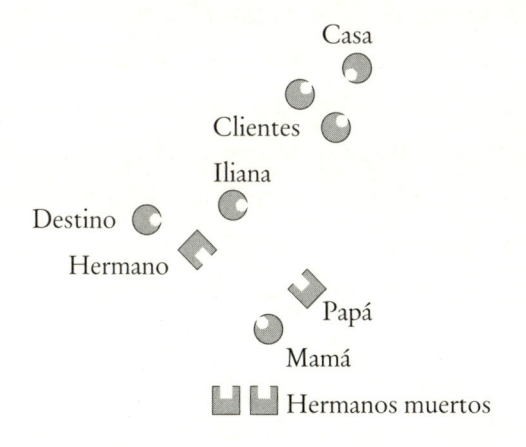

```
                           Casa
                         ◐
                            ◐
                Clientes  ◐
                  Iliana
Destino  ◐    ◐
Hermano
                        ┐
                   ◐    ┘ Papá
                     Mamá
              ▄ ▄ Hermanos muertos
```

IR: *El problema era la casa, con el presente y el pasado interconectados. En la constelación todo sucede al mismo tiempo, como en universos paralelos: pasado, presente y futuro. El hermano estaba implicado con la historia de la casa y de la pareja, así como con la pérdida de los dos hermanos muertos. Tuvo más dificultad en separarse de la casa y todo lo que ésta implicaba; en consecuencia, no llegaban los clientes y la casa no se vendía.*

También observamos aquí la importancia de quién de los hermanos carga más. A veces es un hermano mayor, a veces es uno menor. Lo importante es que los demás lo reconozcan. Esto crea paz entre ellos.

Los padres no tienen la obligación de heredarnos nada. El esfuerzo fue de ellos. Cuando logramos honrar esto, viene la prosperidad, porque lo que lograron acumular también podrán lograrlo los hijos. Está en el campo morfogenético de la familia.

La herencia representa a los padres, como si simbolizara su cuerpo. Por eso muchas veces hay grandes peleas entre los hijos: quién se queda con "más" mamá o con "más" papá. Pero, así, los hermanos se pierden. Y el hermano que se queda con más, quitándole parte de la herencia a los otros, en general no suele quedarse con ella. Inconscientemente, la pierde. Su pérdida, entonces, es triple: los padres, los hermanos y la herencia. Es un precio muy alto que se paga al cometer esta injusticia.

Con frecuencia, hoy en día los hijos ya no heredan debido a la longevidad de los padres, que literalmente se "comen" el patrimonio que crearon, en especial si ellos, al final, tuvieron enfermedades graves y necesitaron hospitalización u operaciones. Puede ser una buena idea legar a los hijos un dinero en vida en momentos en que lo necesitan, y que los padres se queden con la mayor parte de su patrimonio para tener más seguridad en su vejez y para no convertirse en una carga económica para los hijos.

Una vez que se ha heredado algo, se recibe y se distribuye en partes iguales entre todos los hermanos (también entre aquellos que el progenitor ha engendrado con otra pareja, los llamados "medios hermanos").

En el caso de los bienes raíces, en ocasiones hay que explorar la historia del inmueble. Muchas veces no se vende porque no se han cerrado ciclos, por su historia o porque una venta significa la despedida final de los progenitores muertos. Cuando se realiza una buena despedida de los progenitores mirándolos, reconociéndolos, agradeciéndoles y honrándolos, y los hijos herederos los ponen en su corazón, con gratitud y humildad, entonces el patrimonio que les dejaron a sus hijos en general se vende rápidamente.

Adela: "Me invade la pereza para trabajar"

"Siento que la pereza es más fuerte que yo. Tengo muchos planes para mi vida, muchas cosas que quiero hacer, pero no puedo. Hace dos años y medio murió mi hermano, y desde entonces siempre me domina la pereza."

IR: *Después de tu constelación, ¿qué sería diferente? ¿Cómo te verías, con quién y dónde?*

ADELA: Mi anhelo es vivir sola, ocupada en mis cosas, generando recursos para mí. Haciendo lo que antes hacía: viajar, ir al teatro, concluir todo lo que dejé a medias.

IR: *Elige una representante para ti y otra para tu anhelo.*

Representante Anhelo
de Adela

La representante de Adela se mueve hacia un lado. El anhelo se va cayendo, extendiendo la mano hacia ella. La representante de Adela se acerca.

ANHELO (suplicante): Ayúdame, solo no puedo.

REPRESENTANTE DE ADELA: Me están faltando las fuerzas.

ANHELO: No me dejes olvidado, me siento desamparado.

Se coloca un representante para el hermano muerto recostado en el piso.

Hermano

Representante Anhelo
de Adela

ANHELO: Me siento mejor, ahora me puedo levantar. Adela, yo soy parte tuya: hagámoslo juntos, por él.

REPRESENTANTE DE ADELA: Siento que mi hermano me quiere quitar la pereza (el anhelo se pone enfrente).

Hermano

Representante　　　Anhelo
de Adela

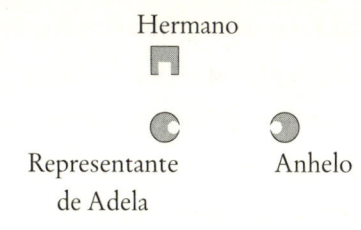

El hermano se siente mal cuando Adela sólo ve al anhelo.

REPRESENTANTE DE ADELA: Hermano, ésta fue mi manera de acompañarte, viviendo sólo en la pereza sin estar en contacto con mi propio anhelo, con mi propia vida.

Adela entra en la constelación y se abraza con su representante y con el anhelo.

HERMANO: Ahora todo está bien, estoy en paz.

Adela tiene ganas de voltear hacia la vida, hacia el futuro, y de llevarse su anhelo; quiere reír y disfrutar nuevamente.

Hermano

　Representante de Adela
　Anhelo

IR: *Ahí lo dejamos.*

A veces, cuando en la vida hay un evento traumático nos paralizamos, dejamos de vivir nuestro anhelo o nuestro sueño y abandonamos en el camino una parte importante de nosotros mismos. Es como si olvidáramos algo, la alegría y los sueños, los cuales sentimos que hemos perdido para siempre. Dejamos de vivir plenamente nuestra vida y nos quedamos extraviados en algún lugar del pasado.

Por otro lado, en un evento trágico así, frecuentemente alguien de la familia deja de hacer sus cosas, cae en depresión (descrita aquí como "pereza") y se afana en seguir al familiar muerto.

Con las constelaciones podemos regresar por lo que dejamos en el camino: por nuestro duelo, por algún evento traumático, porque lo que dejamos ahí es nuestro y nadie más se lo puede apropiar.

Al regresar en el tiempo y en el espacio al evento y al momento en el que dejamos algo valioso, muchas veces miramos ese evento con dolor; pero al mirarlo con conciencia podemos sacar fuerzas de ese dolor, de dicho evento, para cerrar el ciclo, recoger lo que dejamos atrás y seguir con nuestra vida.

Se necesita valor y fuerza para fijar la mirada en el pasado donde nuestra vida se truncó por última vez. Ahí está nuestra herida; pero si no regresamos —ahora acompañados por el facilitador y por el grupo— no lograremos retomar nuestra vida, ni la energía, ni la alegría ni la plenitud.

Después de esta mirada, la vida sigue y podemos recuperarlo todo: el éxito, la prosperidad y, por consiguiente, una vida en plenitud.

ANGÉLICA: "MI FALTA DE AUTOESTIMA AFECTA MI TRABAJO"

"Tengo poca autoestima. Esta circunstancia afecta mucho mi trabajo, porque no puedo relacionarme con mis compañeros y dejo de concursar para ascender en el escalafón. Desde muy niña, por mi discapacidad, fui relegada por mi familia. Tuve polio. Soy la cuarta de siete hijos. Mi papá y mi mamá no se casaron. Se separaron; posteriormente mi mamá se casó y tuvo otros tres hijos. Mi papá es alcohólico. Siento que los demás recibieron más atención que yo. Soy soltera y madre de un niño de 11 años."

IR: *¿Qué quieres resolver?*

Angélica: Que me pueda relacionar con mis compañeros de trabajo.

IR: *¿Cómo es tu relación con tus hermanos?*

Angélica: Distante.

IR: *¿Qué significa para ti relacionarte mejor?*

Angélica: Quiero dejar de ser agresiva y evitar estar a la defensiva.

IR: *Elige a alguien que te represente y a alguien que represente tu autoestima.*

　　　　　　　▪　　　　●
　　　　Autoestima　　Representante
　　　　　　　　　　　de Angélica

La autoestima está volteada hacia fuera; le da la espalda a Angélica. Se le pide a la autoestima que se vuelva para que se miren. La representante de Angélica está muy triste y ve al suelo.

Angélica: En especial, mis hermanas menores se burlaban de mí y mis papás no hacían nada al respecto.

IR: *Esto es raro. Generalmente la familia cierra filas cuando alguno de los hijos tiene una enfermedad.*

La autoestima se acerca; la representante de Angélica se siente amenazada. Se coloca un representante para el papá al lado de la autoestima, y otro para la mamá.

> Mamá
> Papá
> Autoestima   Representante de Angélica

REPRESENTANTE DE ANGÉLICA: Me siento culpable.

MAMÁ: Me siento juzgada por mi esposo.

IR: *Algunos padres no saben qué hacer con una enfermedad como la polio y se acusan mutuamente de ser los causantes.*

REPRESENTANTE DE ANGÉLICA: Mi papá se molestaba por mi enfermedad; mi mamá sí me atendió.

Se añaden los abuelos paternos para suavizar al papá:

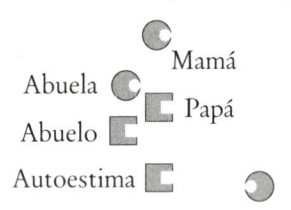

> Mamá
> Abuela
> Abuelo   Papá
> Autoestima
> Representante de Angélica

Se les pide a los abuelos que digan las siguientes frases a su hijo (papá de Angélica):

ABUELA: Hijo, Angélica es tu hija, es una niña y es pequeña. Se enfermó, necesita cuidados y que la protejas. Tu esposa la cuida, y lo hace también por ti, para que puedas trabajar.

La mamá y la abuela abrazan a Angélica.

REPRESENTANTE DE ANGÉLICA: Papá, a ti también te necesito.

Ahora el papá se acerca y abraza a su hija.

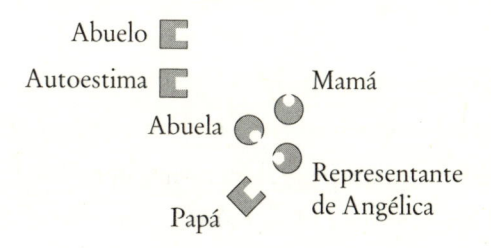

>
> Abuelo
> Autoestima   Mamá
> Abuela
> Representante
> Papá   de Angélica

La autoestima se acerca y Angélica toma su lugar en el abrazo con papá y mamá:

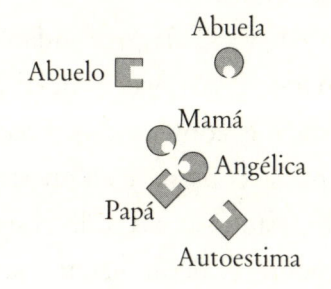

> Abuela
> Abuelo
> Mamá
> Angélica
> Papá
> Autoestima

ANGÉLICA: Esto es lo que necesitaba (cerrando los ojos, y poniendo la cabeza sobre los hombros de papá). Gracias, papá.

IR: *El papá hizo su parte. Apoyó de alguna manera a su mujer, tu mamá, para que te procurara los cuidados.*

PAPÁ Y MAMÁ: Angélica, tú también eres nuestra hija y ahora reconocemos la grandeza de tu destino.

Se añaden seis representantes para los hermanos y hermanas:

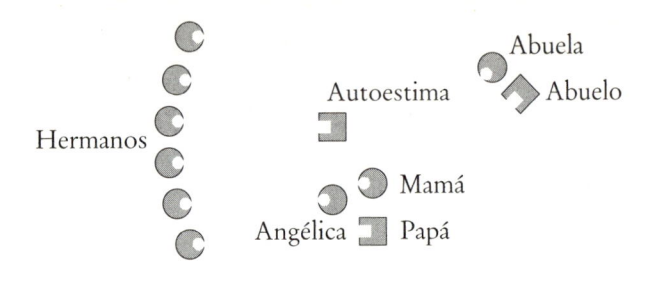

```
                              Abuela
                          ◐ ◑
              Autoestima     Abuelo
Hermanos  ◐       ◲
          ◐
          ◐    ◐ ◑ Mamá
          ◐
          ◐   Angélica ◲ Papá
```

Hermanos (cada uno): Angélica, honro tu destino; es más difícil que el mío (y se inclina con respeto). Pude haber sido yo quien padeciera polio, pero fuiste tú.

IR: *Una enfermedad así tiene que ver con el destino de la persona, con una fuerza más grande que ella.*

Autoestima: Yo soy tu autoestima y te había esperado tanto (se abrazan).

Angélica inhala y exhala profundamente. Todo el grupo de hermanos reconoce su destino y se inclina ante ella. Ella está muy conmovida y dice sentirse mejor.

La autoestima se construye en nuestra infancia con papá y mamá. En este caso, no todo el sistema fue solidario. Generalmente, el alcohólico no tiene autoestima, no se cuida y se le dificulta cuidar a los demás. Y el papá tuvo dificultades para reconocer a su hija, con el destino de la polio, lo cual la afectó profundamente (casi más que la polio en sí). Tampoco la protegía ni la apoyaba cuando las hermanas menores se burlaban de ella.

Una herida en la vida de Angélica era la polio misma; la otra vino del papá que no la aceptaba tal como era, con lo cual disminuyó la autoestima de ella. La madre se hizo cargo de los cuidados generales y durante la convalecencia de las operaciones y la rehabilitación, lo que la ayudó a desarrollarse, a ser mujer, a enamorarse y a tener una hija, así como a lograr cierto éxito en la vida, gracias a esa mamá con la cual llevaba una relación estrecha y por quien se sentía totalmente aceptada. Hay buena autoestima cuando tenemos una buena relación con nuestro padre y con nuestra madre, que nos apoyan y, cuando es necesario, nos protegen.

A veces sólo vemos los aspectos negativos de los padres. En las constelaciones vamos a la esencia: los honramos porque nos dieron la vida, y de esa manera estamos en paz. Honrar es diferente de amar. A veces no se logra amar, por las fechorías o acciones negativas de los padres.

Regresando al pasado vemos la esencia y ahí lo que se honra es la vida. La vida que nuestros padres nos han dado. No se honra la personalidad del padre y de la madre, sino lo que nos dieron al principio: la vida. Y cuando hubo acciones que causaron un daño real en el hijo, éste hace un doble movimiento: toma la vida de los padres y les deja sus fechorías.

Inés: "Miedo a perder mi empleo"

"Tengo miedo de perder mi empleo actual. Desde hace 15 años trabajo en una compañía de transnacional. Hace 15 días entró en mi área un chico nuevo y mi jefe me dijo que si me peleaba con él me despediría. Al mismo tiempo, estoy estudiando las constelaciones familiares que me gustan y con las que quiero trabajar más adelante."

IR: *Podemos percibir una energía de miedo, de fantasía catastrófica. Si es así, obviamente vas a perder tu trabajo, vas a hacer algo para que te despidan. Elige una representante para ti y otro para la compañía.*

Compañía   Representante de Inés

IR: *Ella está mirando hacia la lejanía; no mira a la empresa. Es como si quisiera irse y ya estuviera mirando otros horizontes. Parece que el jefe ya lo percibió y por eso metió a otra persona más en el área. ¿Adónde estás mirando?*

INÉS: Quiero trabajar en constelaciones, pero necesito el ingreso de la empresa.

IR: *¿Cuál es tu horario?*

INÉS: De nueve a cinco. Quisiera trabajar constelaciones sábado y domingo, y por las noches.

Se añade una representante para las constelaciones:

Constelaciones
Compañía   Representante de Inés

La representante mira todavía más lejos, más allá de las constelaciones.

Inés toma su lugar. Avanza poco a poco hacia las constelaciones, sin ver a la compañía, sin hacerle caso.

IR: *Lo que observo es un doble juego: toda empresa necesita la lealtad de sus colaboradores. En el camino hacia tu nueva profesión —las constelaciones—, tienes que mirar a la empresa en primer lugar porque te da trabajo y dinero.*

Inés (se dirige a la empresa): Empresa, te doy las gracias. Me has enseñado mucho y, además, 15 años de seguridad financiera; yo te he dado lo mejor de mí durante este tiempo. Te agradezco y te honro (se inclina).

Compañía: Me siento diferente; antes sentía que había algo oculto, un secreto.

Inés: Empresa, últimamente tengo otros intereses, y quizás en un futuro trabajaré en un proyecto diferente. Pero ahora estoy trabajando tiempo completo contigo; me comprometo a no fallar. En mis tiempos libres trabajaré en mis planes. De nueve a cinco mi corazón, mi mente y mi cuerpo estarán contigo, dando lo mejor de mí.

Compañía: Ahora me siento satisfecha.

Inés (dirigiéndose a las constelaciones): Constelaciones, una vez terminado mi entrenamiento, empezaré a trabajar contigo, en mi tiempo libre.

IR: *Cuando uno trabaja tiene ética. Con el dinero que has ganado en la empresa te has pagado tu entrenamiento. Tú has dado algo, y la empresa te ha dado muchas cosas. Esta circunstancia crea un vínculo entre ustedes porque se mueven sus lealtades.*

La ética significa no hacer otras cosas, negocios, etcétera, durante el horario que la empresa te está pagando; la ética significa que te importa lo que le pasa al otro, en este caso a la empresa, que ha depositado su confianza en ti.

Obviamente, en tu tiempo libre puedes estudiar y entrenarte para un nuevo ciclo profesional en tu vida, en coherencia con el acuerdo actual vigente entre tú y la empresa.

En algún momento sabrás cuál es el mejor momento para retirarte de la empresa.

Al irse de una empresa, uno cierra un ciclo de la siguiente manera: mirarla con conciencia, reconocer qué te ha dado (y qué le has dado), agradecer lo que recibiste de ella y honrarla.

Hemos observado que entonces se recibe una mirada benévola, como una bendición, para iniciar el siguiente ciclo en la vida.

Las empresas, al emplear a una persona, generalmente corren un riesgo más grande que el nuevo colaborador: le ofrecen su experiencia profesional, su cartera de clientes, su banco de datos con mucha información. A cambio, exigen la lealtad de los colaboradores, que trabajen bien durante las horas laborales y que hagan buen uso de la información a la que tienen acceso, además de no trabajar en la oficina en su propio proyecto profesional.

Cuando Inés haya terminado su entrenamiento, llegará el momento en que querrá despedirse bien de la empresa, con gratitud, y recibir su reconocimiento. Sus futuros consultantes van a advertir que ella es una persona cuidadosa y leal, y eso los va a atraer hacia ella, llevándola al éxito y a la prosperidad, además de proporcionarle una gran satisfacción personal y profesional, que es una de las tres consecuencias del éxito, después del dinero y del prestigio (incluso la fama).

PABLO: MIEDO AL RECONOCIMIENTO

"Tengo dificultades con el reconocimiento. Deseo recuperar el nivel de prosperidad que tenía mi empresa. El giro de mi negocio es la computación. Cuatro hermanos somos socios. Soy el décimo de 14: siete mujeres y siete hombres, nacidos de los mismos padres. No hubo pérdidas de bebés. El primero fue hombre y hay un grupo de cuatro hombres antes de mí. El negocio es de los hermanos mayores y mío. La idea la propuse yo."

IR: *¿Qué sería diferente después de tu constelación?*

PABLO: Recuperar el volumen de ventas que teníamos, que era de tres millones de dólares al año. Ahora sólo vendemos 300 000 dólares. Nuestros clientes son nacionales.

IR: *Elige representantes para ti, para cada uno de los otros tres puestos, y uno más para el negocio. El negocio siempre se representa con una mujer: el negocio es la creatividad y la creación; de ahí su relación con la madre.*

```
         Representante de Pablo,
                 hermano 10,           Negocio
              director general

                  Hermana 8,
            gerente administrativa

                  Hermano 3,
              director de ventas

                  Hermano 6,
              gerente de ventas
```

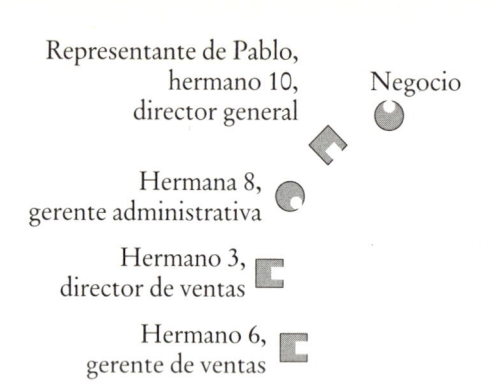

IR: *Podemos observar que el de la idea, que también ocupa el puesto de director general, está en último lugar, porque un sistema generalmente empieza desde la derecha hacia la izquierda, en el sentido del reloj. En esta empresa todo está al revés en cuanto a las jerarquías y el orden. Te colocaste como el hermano menor, en último lugar, siendo tú el de la idea y el director general. Todos los demás están antes de ti. Así es en la familia, pero no es correcto en la empresa.*

GERENTE ADMINISTRATIVA (hermana 8): Estoy inquieta, con peso.

GERENTE DE VENTAS (hermano 6): Me siento pesado, inestable.

DIRECTOR DE VENTAS (hermano 3): Necesito más espacio.

NEGOCIO: Tengo ganas de retirarme; me siento incómodo (se va más lejos).

El representante de Pablo se retira y mira hacia fuera, evadiendo al negocio.

Se colocan dos representantes para los clientes, que retroalimentarán con información sobre el negocio, dirán cómo lo ven y si se sienten atraídos hacia él:

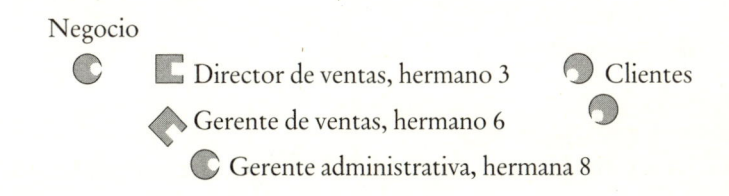

Negocio
　　　　　Director de ventas, hermano 3　　Clientes
　　　　　Gerente de ventas, hermano 6
　　　　　Gerente administrativa, hermana 8

Representante de Pablo, hermano 10, director general

Es notable que los clientes no están interesados ni en el negocio, ni en su director general.

Se les pide orden, se les pide a todos que busquen un lugar donde se sientan mejor. Se colocan en diversos lugares pero no se sienten cómodos de ninguna forma. Finalmente, se les pide que se ubiquen en el siguiente orden:

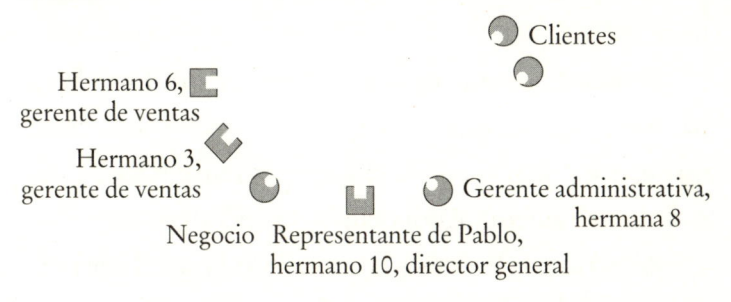

　　　　　　　　　　　　　　Clientes

Hermano 6,
gerente de ventas
　Hermano 3,
　gerente de ventas　　　　　　　Gerente administrativa,
　　　　　　　　　　　　　　　　　hermana 8
　　　　Negocio　Representante de Pablo,
　　　　　　　　hermano 10, director general

Ahora el negocio se siente mejor. El director general tiene dificultad para tomar su lugar. Los clientes se sienten mejor con esta disposición.

Pablo entra en la constelación y se coloca en su lugar; tarda un tiempo hasta sentirse cómodo.

Clientes

Hermano 6, gerente de ventas

Hermano 3, gerente de ventas

Gerente administrativa, hermana 8

Representante de Pablo, hermano 10, director general

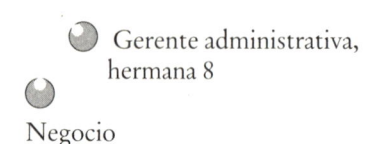

Negocio

PABLO (al director de ventas, hermano 3): En la familia te reconozco y te honro por ser el hermano mayor. Ahí, tú eres el tercer hermano de todos nosotros. Eres mayor que yo. Yo soy el décimo. Me llevas 14 años. En cuanto a la empresa, yo tuve la idea y ocupo el puesto de director general, y aquí tengo el primer lugar.

El hermano lo mira largamente; finalmente lo reconoce.

PABLO (al gerente de ventas, hermano 6): En la familia tú eres mayor que yo, y te respeto y te honro como mi hermano mayor. En la empresa, yo tuve la idea y soy el director general. Aquí ocupo el primer lugar.

Al hermano le cuesta reconocerlo pero, al ser honrado por Pablo, lo acepta.

PABLO (a la gerente administrativa, hermana 8): Tú eres la octava hermana y, en la familia, te respeto y te honro como mi hermana mayor. En la familia soy menor que tú; estoy en el décimo lugar. Yo tuve la idea de este negocio y en la empresa ocupo el puesto de director general y, por lo tanto, el primer lugar. Tú eres mi mano derecha administrando el dinero.

Ahora los clientes reportan que se sienten bien. Pablo se siente tranquilo. Se agrega un representante para el hermano 5, el que abandonó la empresa. Es el más chico y se retiró por su propia voluntad.

Los cuatro hermanos (al hermano 5): Muchas gracias por tu confianza en el negocio. Estuviste al cien por ciento. Y te aventuraste a crear tu propio negocio (se inclinan ante él).

IR: *Valdría la pena hacer este reconocimiento en persona. Quizás durante una comida entre ustedes cinco, o darle un regalo, tal vez una placa o una foto de los cinco en la entrada del negocio. El principio de un negocio es la parte más difícil, y él formó parte de ese principio.*

El hermano 5 se queda en paz; actualmente se dedica a sus *hobbies* y a su negocio.

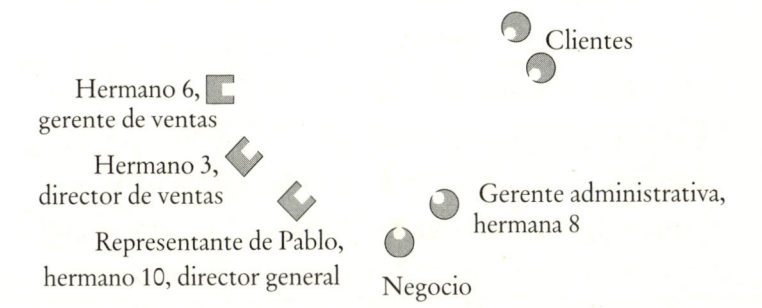

Clientes

Hermano 6, gerente de ventas

Hermano 3, director de ventas

Gerente administrativa, hermana 8

Representante de Pablo, hermano 10, director general

Negocio

IR: *En las reuniones familiares pueden sentarse en el orden jerárquico que corresponde a los hermanos. En el negocio no.*

La jerarquía entre los hermanos es diferente cuando se trata del ámbito familiar y cuando se trata de una empresa:

Jerarquía en la empresa	Jerarquía en la familia	Participación en el negocio
1 Director general y quien tuvo la idea	Pablo, hermano 10	20%
2 Director de ventas	Hermano 3	20%
3 Gerente de ventas	Hermano 6	20%
4 Gerente administrativo	Hermana 8	20%
5 Director de telefonía. Salió del negocio, después se acabó el mercado	Hermano 11	20%

Es importante diferenciar el orden en la familia (según el nacimiento de cada uno de los hermanos, es decir, su llegada a la familia) del orden que debe respetarse en la empresa. El orden de los hermanos en la familia está dado y es inamovible, según su llegada a la familia. En la empresa, a quien tuvo la idea se le debe reconocer ese mérito y tiene prioridad. El orden de los hermanos en una empresa es diferente. Aquí, el director general es un hermano menor en la familia, pero como tuvo la idea y constituyó el negocio, ocupa el primer lugar en la empresa.

En una empresa, uno se gana su lugar con méritos. En la familia no, porque no es necesario hacer méritos para pertenecer. Pablo estaba en conflicto entre su décimo lugar entre los hermanos en la familia, y su primer lugar en la empresa. No había logrado asumir su primer lugar como director general de la empresa. Al honrar los lugares de los hermanos en el sistema familiar, él puede tomar su primer lugar en el negocio, y ellos pueden reconocer el suyo.

Los dos lugares diferentes que ocupan los diversos miembros de la familia, o de una pareja en su empresa, es una de las dificultades más frecuentes en el trabajo con familiares. Este tipo de confusiones irradia una energía poco atractiva hacia los clientes, que muchas veces se refleja en ventas bajas y escaso éxito.

En cuanto se aprende a reconocer la diferencia entre la jerarquía en la familia y la jerarquía en la empresa, puede regresar la paz y el éxito al negocio.

José: "Mis jefes me obstaculizan"

"Tengo 36 años, estoy casado y tengo dos hijos. He tenido cuatro jefes que obstaculizan mi ascenso. Actualmente no tengo trabajo."

IR: *Vamos a hacer una constelación de diagnóstico de la situación para observar dónde están las causas de esta repetición de resultados en tu vida laboral. Elige un representante para ti y cuatro para tus jefes.*

Representante de José   Jefes

Ahora, se añade un representante para el ascenso, ya que también podría dar retroalimentación a la situación.

Se pregunta cuál jefe piensa que José está listo para recibir un estímulo. Se les pide que proporcionen la retroalimentación de manera suave, sin lastimarlo, y se le pide a José que se prepare para recibirla.

Ascenso

Representante de José   Jefes

Los dos primeros jefes dicen que sí darían el estímulo, pero que él no tiene presencia, siempre parece estar ausente. El tercero no se lo daría. El cuarto sí, para probar.

José toma su lugar en la constelación y no mira a los jefes ni al ascenso. Los jefes reportan que José no los mira y que este hecho no los motiva a mirarlo ni a darle el ascenso.

IR: *Parece que no estás aquí, José. ¿Adónde o a quién estás mirando? ¿Adónde está dirigida tu energía?*

José: Al principio todo va bien en el nuevo trabajo, pero después de un tiempo ya no advierto el reconocimiento a mi tarea y eso me desalienta.

Se agregan representantes para su mamá y su papá. Se colocan detrás de José; éste se da la vuelta para mirarlos.

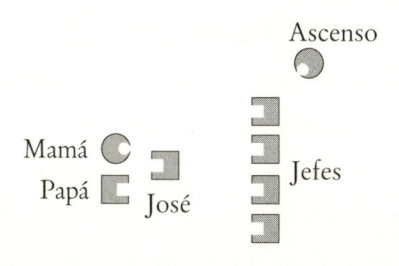

Ascenso

Mamá
Papá José   Jefes

José: Mi papá era ingeniero; mi mamá se dedicaba al hogar. Tengo una hermana mayor que siempre fue muy rebelde; yo siempre me porté bien.

Se agrega un representante para la hermana:

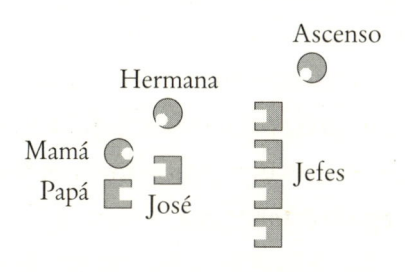

Hermana Ascenso

Mamá
Papá José   Jefes

José: Hermana, me sentía mal cuando te rebelabas y te castigaban.

IR: *Ella se rebela, José no. Parece que a través de su rebeldía su hermana tuvo más atención de sus padres, aunque hayan sido regaños y castigos...*

José: Papás, como niño, y después como adolescente, no me sentí atendido por ustedes; mi hermana tuvo más atención de su parte porque yo me comportaba bien. Papá, necesito que me prestes atención para poder crecer como hombre.

Los dos se miran largamente.

Papá: Ahora sí estoy disponible y dispuesto a atenderte; lamento no haberlo hecho antes.

Los dos se abrazan.

José: Papá, lo que me diste fue suficiente. Me titulé, soy contador público, amo a una buena mujer y juntos tenemos dos hijos. Ahora reconozco que fue suficiente; lo poco, lo justo, lo correcto o lo mucho, fue suficiente. Renuncio a exigirte más. Te doy las gracias a ti y también a mamá.

Hace una reverencia ante sus padres y luego abraza a su hermana.

José se da la vuelta y mira a sus jefes, quienes lo ven más fuerte, con presencia, más sólido. El ascenso tiene ganas de acercarse pero, repentinamente, José se ve triste aunque asegura estar mejor.

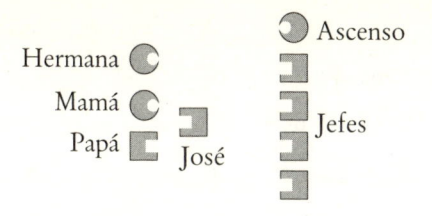

IR: *¿A qué se debe la tristeza?*

José: Perdí un bebé con mi mujer. Mis padres también perdieron uno.

Se agrega una representante para el bebé de los padres y otra para su bebé:

José (se voltea nuevamente hacia sus padres): Papás, ustedes perdieron a un bebé, nosotros también. (Dirigiéndose a su esposa:) Tú y yo cargamos juntos esta pérdida, estoy contigo; también fue mío el bebé y ahora lo pongo en mi corazón. Además, tenemos dos hijos vivos.

Los jefes ahora lo miran con interés.

José (a sus jefes anteriores): Muchas gracias por las oportunidades que me dieron. Mi relación con ustedes me trajo hasta este taller. Ahora, en mi nuevo empleo, voy a atender mi trabajo y a cuidarlo. Me siento satisfecho porque ya tomé a mis padres.

El ascenso se acerca a José. Los cuatro jefes dicen que ahora sí se lo darán.

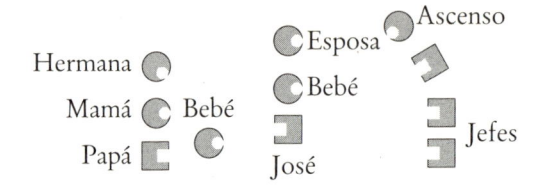

Hermana   Esposa   Ascenso
Mamá Bebé   Bebé
Papá   Jefes
       José

Al parecer José, al no sentirse mirado durante su infancia y adolescencia por sus padres como le hubiera gustado, seguía buscando esa mirada en otros, en sus jefes, y después de un tiempo, cuando se la habían dado, ya no era suficiente para él. Es como si necesitara reconocimiento constante porque le faltó en su infancia. Sin embargo, podemos comprobar que recibió suficiente. En primer lugar, lo esencial: la vida de parte de sus padres. Y luego, por lo general —como lo hacen la mayoría de los padres (salvo algunos psicópatas y los sociópatas)—, muchas cosas más: hogar, alimentación, cariño, cuidados, protección, higiene, educación, así como los valores y las tradiciones de sus respectivas familias de origen.

Como adultos hemos recibido suficiente para vivir, aun cuando de pequeños hubiéramos sentido que no era lo que queríamos o que necesitábamos otras cosas. Así, lo que nos faltó en la infancia, o lo que creemos que nos faltó, deja un vacío en nosotros. Más tarde, intentamos llenarlo; para eso nos sirve nuestra pareja, nuestros hijos, y en el trabajo, a veces, los colegas o los jefes. También el negocio o la empresa pueden servir para llenar nuestros vacíos. Sin embargo, lo que no recibimos de nuestros padres a su tiempo, en la infancia y quizás en la adolescencia, ninguna otra persona nos lo puede dar.

Entonces queda un solo camino: asentir, decir sí a lo que recibimos, poco o mucho, y reconocer que así sucedió y que fue lo correcto para convertirnos en quienes somos: con nuestras limitaciones y con nuestra grandeza. Para esto, hay que renunciar a exigirle a la vida, a la pareja y a los demás, a los colegas y a los jefes.

Cada vez que José sentía que su jefe ya no lo estaba mirando, lo cual se manifestaba en la falta de un ascenso, él se cambiaba de empresa. Sin embargo, en una empresa lo que cuenta es el mérito que uno hace a favor de ella, lo cual conduce a un ascenso o a un aumento en el sueldo.

Es importante recordar que en la empresa un motivador fuerte es reconocer el trabajo de los colaboradores. También en la vida personal, en la familia, entre amigos, es agradable recibir reconocimiento. Sin embargo, cambiar constantemente de empleo porque uno no se siente reconocido, repitiendo el mismo patrón, habla de un trasfondo familiar que no permite el desarrollo profesional del individuo en la empresa.

La sensación de falta de reconocimiento en general tiene un origen: estuvo ausente en la vida familiar durante la infancia o la adolescencia. Este reconocimiento se recibe de los padres, lo cual nos proporciona seguridad y autoestima.

Lola: "No logro unificar dentro de mí
lo material con lo espiritual"

"Tengo un buen patrimonio pero no lo disfruto. Me siento desconectada de mis bienes raíces. Es mi patrimonio y no logro atenderlo. Mi papá se interesaba en lo material y mi mamá se interesaba por otros valores. Es como no poder unificar dentro de mí lo material con lo espiritual."

IR: *Empecemos con alguien que represente los bienes raíces o lo material, y otra que te represente a ti.*

                        ◐   ▟
          Representante de Lola   Bienes

Hay bastante distancia entre los dos. Los bienes no miran a la representante de Lola, pero ella sí los anhela. Ahora, entra un representante para el papá y se coloca al lado de los bienes:

                                ▟ Papá
                 ◐   ▟ Bienes
      Representante de Lola

La representante de Lola muestra sorpresa cuando aparece el papá, y se va de lado. Se le pide que elija un representante para los valores espirituales (ella elige a una mujer).

▪ Papá
▪ Bienes
● Espiritualidad
● Representante de Lola

Ahora Lola toma su lugar. Le cuesta trabajo mirar los valores espirituales; finalmente llega a abrazar al representante de la espiritualidad y lo lleva frente a su papá. Se le pide a Lola que exprese a su padre lo que cree que es rescatable de sus valores.

Espiritualidad ● ▪ Bienes
Representante de Lola ● ▪ Papá

LOLA: Papá, te agradezco los valores que me enseñaste: el valor del trabajo diario y la responsabilidad. De mamá aprendí el valor de la ayuda a los seres humanos y la espiritualidad. Con todo esto haré algo diferente, manifestando mi espiritualidad en mi trabajo, en tu honor. Te doy las gracias por el patrimonio que me dejaste. Y en honor a mi mamá pondré este patrimonio al servicio de algo bueno, al servicio de los valores espirituales que aprendí de ella.

Lola le pide a su papá que le dé la bendición y éste se la otorga. Ella y la espiritualidad, a su vez, honran al padre, inclinándose ante él.

LOLA (se voltea hacia los bienes): Bienes, agradezco haberlos recibido; ahora los cuidaré y los pondré al servicio de mis valores espirituales. Ustedes son la manifestación de los valores que me enseñó mi papá.

IR: *Ahora tienes la posibilidad de poseer los bienes de tu padre y de cuidarlos y, por medio de ellos, disfrutar la vida.*

En las constelaciones se trabaja con todo lo que amplía el horizonte del consultante. El dinero es la manifestación de nuestra espiritualidad, porque ésta se muestra en el trabajo a través de nuestros valores, y a cambio recibimos dinero.

Muchas personas consideran lo material y lo espiritual como dos opuestos. Sin embargo, recibimos dinero a cambio de la manifestación de nuestros valores (los cuales simultáneamente nos dan valor en el mundo, especialmente en el laboral) y de nuestros gustos y placeres (lo que disfrutamos, por lo cual lo hacemos bien, nos comprometemos y nos entregamos). De esta manera, damos lo mejor de nosotros. El dinero también es energía porque trabajamos con nuestra energía para ganar dinero, y cuando recibimos ese dinero, se trata realmente de un intercambio de energía entre dos personas.

Cuando trabajamos en lo que más nos gusta, cuando ponemos nuestra pasión y lo mejor de nosotros, estamos conectados con nuestros valores y con nuestros placeres (con lo que valemos y con lo que disfrutamos), es decir, con nuestra espiritualidad: el resultado es el arribo del dinero.

Aquí hubo un conflicto de lealtades: los valores de mamá y los valores de papá. En las constelaciones dejan de ser opuestos, mutuamente excluyentes, y se integran, uniendo ambos sistemas dentro de la persona para conducirla al éxito, que se basa en los dos sistemas de valores de los padres y de sus respectivas familias de origen.

En muchos temas (por ejemplo, este trabajo o aquel, esta casa o aquella, etcétera) que se presentan en las constelaciones como dicotomías —o sea, como opuestos que aparentemente se excluyen mutuamente—, surgen a la luz las lealtades invisibles que tenemos, por un lado, con mamá, y por el otro, con papá. Cuando somos niños es difícil unificar estos dos sistemas de valores internamente al mismo tiempo, y con frecuencia nos crean conflictos, inseguridad y dificultad en la toma de decisiones, lo cual posteriormente nos provoca la vivencia de un mundo de opuestos irreconciliables. En los niños, esto se llama pensamiento simple: cuando sólo pueden ver un lado de cada uno de sus progenitores. Como hijos adultos pueden llegar a integrar la ambivalencia en los sentimientos sobre la madre y sobre el padre: en general, ambos eran buenas personas (si bien no perfectas) aunque a veces se comportaban —a los ojos del niño— como malas personas.

Muchos reviven este conflicto de lealtades, que puede manifestarse a través de la dificultad para tomar decisiones entre dos alternativas o maneras de ver la vida, diferentes e incluso opuestas. Con las constelaciones, estos dilemas surgen a la luz y se pueden resolver.

Sergio: "No puedo alcanzar el éxito"

"Estoy casado y tengo dos hijos. Mi madre tuvo una hacienda, que antes era de unos ejidatarios. En la hacienda sembraban maíz y pulque. No sé cómo llegó a la familia. Mi papá era humilde, de profesión ingeniero. Yo también soy ingeniero, y no logro concretar el éxito."

IR: *¿Para ti qué significa tener éxito? ¿Cómo se manifestaría concretamente en tu vida?*

Sergio: Contratos importantes firmados por los clientes, estabilidad financiera, ganar 150 000 pesos al mes, por lo menos.

IR: *Elige un representante para ti y otro para el éxito que acabas de describir, y colócalos.*

Sergio elige a una mujer para presentar el éxito.

Representante de Sergio
⊓

◯
Éxito

El representante de Sergio tiene un ataque de tos y toma distancia del éxito; lo mira de reojo. El éxito mira a Sergio. Los dos expresan que no se pueden mover.

Representante de Sergio (con la garganta cerrada y tosiendo): Me siento incómodo tan cerca del éxito.

Se añaden representantes para los clientes que tienen que firmar los contratos, para recibir una retroalimentación de ellos en relación con la confianza de trabajar con Sergio:

Representante de Sergio

Clientes

Éxito

CLIENTES: No firmaremos. Le falta algo...
IR: *¿Qué le falta a Sergio, según los clientes?*
CLIENTES: Seguridad, confianza, decisión.
IR: *Generalmente, eso se aprende con el padre. Sergio nos habló de una diferencia social entre su padre (humilde) y su madre (hacendada).*

Entra un representante para el padre y se para detrás de Sergio, que ahora quiere avanzar hacia el éxito.

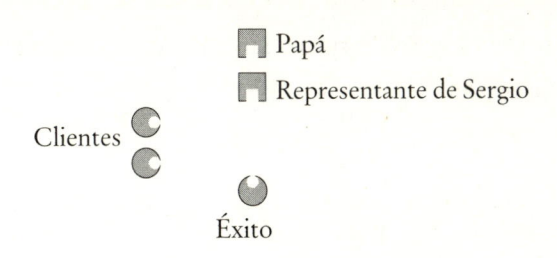

Papá
Representante de Sergio

Clientes

Éxito

El representante de Sergio mira al éxito y dice que lo quiere abrazar, pero el éxito reporta que aún no está listo y no quiere ser abrazado por él.

Los clientes se sienten mejor, pero reportan que todavía falta algo.

Entra un representante para la mamá y otro para la hacienda. La mamá encuentra su lugar cerca de su esposo. Sergio se voltea hacia ellos. La hacienda reporta que no se siente vista por nadie.

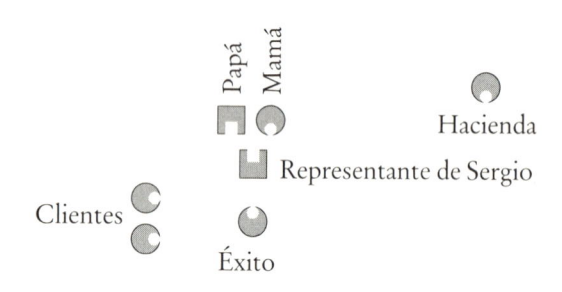

Papá Mamá

Hacienda

Representante de Sergio

Clientes

Éxito

Sergio se siente muy incómodo con la hacienda. Ahora se agregan representantes para los propietarios de la hacienda del linaje materno, y para los propietarios originales de las tierras, los ejidatarios.

Sergio toma su lugar y la hacienda se acerca a él, y luego se ubica entre Sergio y sus diferentes propietarios en su historia:

Papá Mamá

Hacienda

Sergio

Propietario, linaje materno
Propietario original, ejidatario

Clientes

Éxito

Sergio (se voltea para verlos a todos, especialmente a los propietarios originales, los ejidatarios; se siente cercano a ellos y está conmovido al verlos): Mis ancestros nunca hablaron de ustedes porque no los atendían; y yo no sé cómo la tierra de ustedes quedó en manos de mi familia. (Al linaje materno:) Ancestros, ustedes se quedaron con estas tierras y los propietarios originales se quedaron sin nada. Ustedes los olvidaron, pero yo los veo ahora. Seguramente hubo despojo e injusticia en este traspaso de la propiedad de la tierra; ahora lo puedo ver.

Sergio (a los propietarios originales): Crearé un negocio con trabajo honrado, con mis propias manos, como ustedes, sin tener que despojar a nadie, en su honor y en su memoria.

Ellos se muestran contentos y le dan su bendición en cuanto se inclina ante ellos y los honra.

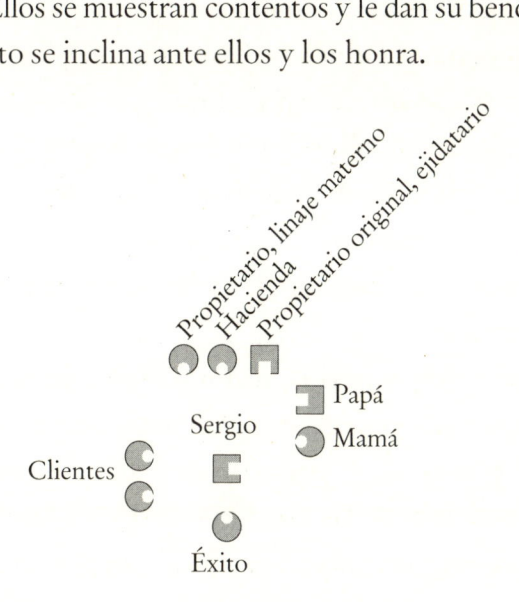

Propietario, linaje materno
Hacienda
Propietario original, ejidatario

Papá
Mamá
Sergio
Clientes
Éxito

Ahora Sergio puede abrazar su propio éxito y voltearse hacia los clientes, que se sienten contentos y atraídos por él. El éxito se coloca a su lado porque ahora se siente a gusto con él.

En las constelaciones se ha observado, prácticamente en todo el continente americano —lugar de conquistas e inmigrantes—, que las tierras que originalmente pertenecían a la población nativa quedaron en manos de los nuevos pobladores. Muchas veces en este proceso hubo despojo, injusticia y explotación. Los descendientes de las familias que se enriquecieron así, con frecuencia tienen dificultades para alcanzar el éxito, crear su propio patrimonio o vivir una vida feliz. La dinámica oculta es que, inconscientemente, están del lado de quienes fueron tratados injustamente, de los despojados y de los explotados; es decir, están implicados en un enredo sistémico y en un conflicto de lealtades con ellos.

Una vez que entran representantes en la constelación para los explotados, y los descendientes pueden reconocer la injusticia, el despojo y la explotación, y honran a los propietarios originales, éstos miran a los descendientes con buenos ojos y les dan su bendición para que tengan éxito.

Al incluirlos, mirarlos, reconocerlos y honrarlos, algo se acomoda en el pasado, lo cual tendrá un buen efecto en el presente y, por ende, en el futuro, para que los descendientes de las familias que se enriquecieron así puedan vivir una vida feliz, creando su propio patrimonio con sus propias manos, de manera honrada, para alcanzar el éxito que siempre habían soñado.

Mercedes: "Nunca permanezco en mis trabajos"

"Quiero resolver la cuestión de por qué siempre me fijo en las empresas equivocadas. He tenido que dejar todos mis trabajos porque a las empresas les va mal... Por eso, a lo mejor me voy a España..."
IR: *La pregunta sistémica es un poco diferente: ¿Para qué crees que posees este casi "olfato" para fijarte en este tipo de empresas?*
Elige una representante para ti y otra para una empresa en la que sí puedas permanecer en el futuro.

⬤ ⬤
Representante   Empresa
de Mercedes   estable

La empresa mira a la representante de Mercedes, pero ésta no mira a aquélla. Después de algunos minutos, la representante de Mercedes la mira, pero dice que no tiene interés real en ella.

Entra una representante de una empresa en quiebra para hacer una prueba con el vínculo entre Mercedes y ese tipo de empresas. La representante de Mercedes se coloca junto a esta última empresa y la mira fijamente.

               Empresa en quiebra
   ◐   ◐
Representante
de Mercedes   ◐
                  Empresa
                  estable

IR: *Parece que Mercedes tiene atracción por las empresas en quiebra, aunque no es lo que conscientemente quiere. No las quiere, pero de manera inconsciente se siente atraída por ellas. Racionalmente Mercedes quiere una buena empresa, estable, sólida, pero desde el inconsciente atrae a una empresa que no es buena; ésa es la dinámica oculta.*

REPRESENTANTE DE MERCEDES: Siento las manos vacías y frías.

EMPRESA ESTABLE: Quiero que Mercedes venga hacia mí, que me abrace, que me tome.

EMPRESA EN QUIEBRA: Yo quiero estar con Mercedes, pero creo que debo soltarla.

Mercedes agrega que su padre fue un hombre muy exitoso y que su madre fue una mujer del hogar. Considera que su mamá pagó un precio —la soledad— por el éxito de su esposo porque no lo tuvo a su lado debido al exceso de trabajo. Su madre vino de España, adonde dejó a toda su familia.

Se coloca un representante para España:

       ◐   Empresa en quiebra
              ◐
   España   ◐
              ◐
          Representante
          de Mercedes   ◐
                         Empresa
                         estable

Representante de Mercedes: Quiero tomar a la empresa estable, pero me siento atraída por la que está en quiebra. Siento como si yo no fuera ni de aquí ni de allá.

Mercedes toma su lugar, pero no puede mirar hacia España. La empresa en quiebra se coloca frente a España:

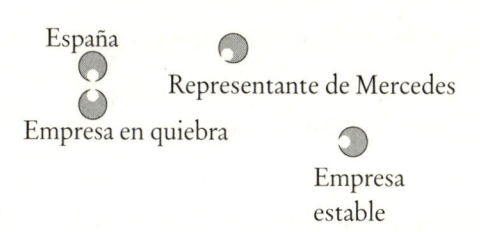

España
Representante de Mercedes
Empresa en quiebra
Empresa estable

IR: *La empresa en quiebra, con pérdidas, parece representar las pérdidas de tu mamá al venir a México: perdió a su madre y a su hermana, y mucho más.*

Mercedes llora fuertemente, con los ojos cerrados.

IR: *Muestras tanto dolor y tristeza que puedo ver que no todo ese dolor es tuyo, sino algo que estás cargando por otra persona.*

Mamá
España
Representante de Mercedes
Empresa en quiebra
Empresa estable

MERCEDES: Mamá, perdiste a muchas personas en España. Yo ya he perdido cuatro empleos y tú tantas cosas más: tu tierra, parte de tu familia, tus ancestros. Cuando yo era pequeña empecé a cargar tu dolor.

IR: *En cada momento, en cada abrazo de mamá, captaste eso: su dolor y su tristeza por sus pérdidas, su soledad aquí en México, y cargaste con todos estos sentimientos. Tus pérdidas de empleos parecen ser una lealtad invisible hacia ella.*

ESPAÑA: Siento dolor y mucha tristeza…

MERCEDES: Yo nací en España, ahí están mis raíces y las de mi mamá. Soy española, soy una de tus hijas (su mamá sonríe y respira), pero también soy mexicana por mi papá.

Se hace una prueba y se coloca un representante para una empresa estable en España y otro para otra empresa estable en México, con México como país detrás.

España 🌑   🌑 Empresa estable 1
Mamá
🌒

Mercedes
Empresa en quiebra 🌘 🌑
🌔 Empresa estable 2
⊔
México

EMPRESA ESTABLE EN ESPAÑA: Yo soy una empresa estable en España, donde te puedes quedar.

Empresa estable en México: También puedes quedarte aquí, en una empresa estable en México.

Mercedes (reflexiona y luego dice): Elijo quedarme en México.

La empresa mexicana y México reportan bienestar por la elección de Mercedes. España, mamá y la empresa estable reportan que también se sienten bien.

Mercedes (a la empresa estable española): No te inquietes, quizá algún día trabajaré contigo. (Se dirige a su madre:) Mamá, gracias por todo. España, gracias por todo, te visitaré con más frecuencia.

Mercedes: Empiezo a sentirme mejor, pero aún tengo ganas de llorar.

IR: *El llanto es de tu mamá, por sus pérdidas. Mientras no lo dejes con tu mamá, vas a seguir buscando ese tipo de trabajo que te haga llorar. Es importante devolverle a tu mamá estos sentimientos.*

Se le pone algo pesado en sus manos. Mercedes lo sostiene un largo tiempo; finalmente se lo devuelve a su mamá.

Mercedes: Mamá, te devuelvo tu tristeza y tu dolor por haber dejado a tu mamá y a tu hermana; son tuyos, no míos. Al devolvértelos te honro, porque tú eres la grande, y yo aquí soy la pequeña.

La mamá toma esta carga amorosamente; puede encargarse de ella. Ahora, Mercedes se inclina nuevamente ante su madre y, después de un tiempo, se da la vuelta dejando atrás aquella imagen para emprender ahora su propio camino, su propio desarrollo profesional, en pos de la prosperidad y el éxito.

IR: *Ahí lo dejamos.*

Aquí está muy clara la conexión entre la madre y el éxito. La madre no estaba bien, seguía con su duelo por España y por todo lo que dejó atrás, por sus pérdidas. Su hija se identificó con ella en esa dinámica desde pequeña, desde su amor ciego por su mamá, a partir del cual creyó que podía hacer algo por ella. Como adulta, Mercedes repetía esa dinámica de pérdidas, entrando a empresas que perdían y quebraban, donde ella también perdía sus trabajos, lo cual le garantizaba los duelos y las tristezas semejantes a los que había advertido en su mamá cuando era pequeña.

Uno sólo debe cargar lo propio. Mercedes repitió el dolor de las pérdidas de su madre, a su manera, pero la primera pérdida (España, la familia, etcétera) era de su mamá, parte de su vida y de su destino. Cargar los sentimientos de otra persona quita energía para la propia vida.

México es un país de inmigrantes y los ha recibido con generosidad y amor, con los brazos abiertos. Una persona se hace merecedora de un país al que inmigró cuando hace algo bueno por él. A veces, los inmigrantes son orgullosos y soberbios, pero si hacen algo bueno por el país que los acogió, entonces adquieren el derecho de quedarse.

Muchas veces los hijos de inmigrantes, especialmente de quienes perdieron todo, o de quienes no pudieron volver a su país de origen, cargan con estos sentimientos por su familia. Al hacerlo no les queda fuerza para vivir su propia vida, ni para crecer como adultos y personas sociales y profesionales.

Hay familias de inmigrantes que acumulan grandes fortunas durante los primeros años de estancia en el país que los acogió. Vuelcan todos sus sentimientos de duelo, tristeza y pérdida en el trabajo y en lo material. Es como si llenaran con bienes materiales el vacío que les dejó la migración en su corazón.

En otras familias, algún descendiente repite las pérdidas sufridas por los familiares que dejaron todo atrás. Es como si no se atrevieran a tomar la vida plenamente, ni a perseguir el éxito y la riqueza. Repiten las pérdidas de sus ancestros, por amor. Amor ciego, pero incondicional; amor del hijo pequeño que va a sufrir en la creencia de que así "acompaña" al otro en su duelo. Es pararse de manera inconsciente al lado de los padres o los ancestros, creyendo que así sufrirán menos.

Cristina: "Problemas con mi jefa"

"Desde hace un año trabajo en un despacho. Mi jefa es una figura amenazante para mí que afecta mi autoestima. Antes tuve otra jefa idéntica."

Cristina elige un representante para ella y otro más para su jefa:

Jefa

Representante de Cristina

La representante de Cristina se retira de su jefa; se siente inestable, inquieta. La jefa está parada con firmeza; se percibe que tiene fuerza y poder.

JEFA: No sé qué le pasa, está nerviosa; parece una niña pequeña. Quiero hablar con ella. La miro con buenos ojos.

IR: *¿A quién te recuerda tu jefa?, ¿a una maestra de primaria?, ¿a mamá?, ¿a papá?, ¿a alguna otra autoridad?*

CRISTINA: A la directora de la escuela de mi infancia.

Se añade una representante para la directora y Cristina toma su lugar:

Directora

Jefa

Representante de Cristina

Cristina entra en un estado de mucha angustia. Casi se desmorona.

Se agrega un representante para el padre y se coloca a sus espaldas para darle apoyo:

Directora

Papá   Jefa
Cristina

Cristina avanza con su padre a sus espaldas hacia la directora de la escuela, lentamente:

Directora
Papá   Jefa
Cristina

CRISTINA: Directora, usted me daba pánico. Además era injusta. En la escuela me culpó de algo que no hice y me castigó enfrente de toda la escuela. Nunca me atreví a decirle esto cuando era alumna en su escuela porque me provocaba mucho miedo.

Ahora vine a decírselo. Y también que, a pesar de todo, estudié, elegí derecho y ahora soy abogada. Gracias por lo que aprendí en la escuela y de los maestros. La enseñanza fue muy dura para mí, pero hice algo bueno de esto.

DIRECTORA: Lamento lo sucedido y reconozco que saliste adelante.

Ahora, la directora se coloca detrás de Cristina, como uno de sus recursos:

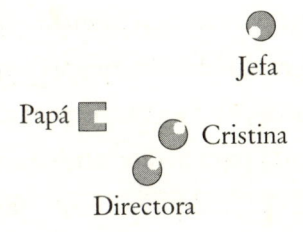

Jefa
Papá   Cristina
Directora

CRISTINA: Jefa, yo estaba un poco confundida; veía en usted a la directora de la escuela que me aterrorizaba. Quizás algún día podamos tomar un café y pueda platicar acerca de esto. Lo lamento.

IR: *El miedo del pasado trasladado y repetido en el presente. Aquí lo dejamos.*

Las situaciones no resueltas, los ciclos no cerrados en el pasado, los llevamos a nuestro lugar de trabajo. Y ahí encontramos lo que "necesitamos" revivir, a través de la repetición, para darnos cuenta del problema, resolverlo y acomodarlo, y extraer una fuerza de esos eventos.

La directora le había inspirado pánico a Cristina y como adulta "encontró" dos jefas, en dos empleos diferentes, que también le inspiraban miedo. Ella depositaba los sentimientos del pasado en el presente, en sus jefas; algo que podría llevar a repeticiones sin fin, desgastándose en relaciones laborales cuyas dinámicas tenían su origen en el pasado.

Muchas personas se preguntan: "¿Por qué me pasa esto a mí? ¿Por qué siempre yo?" En el enfoque de las constelaciones familiares convertimos esta cuestión en una pregunta sistémica: ¿cómo suceden estas repeticiones que, generalmente, son inconscientes?, ¿para qué sirven?

La respuesta es que las dinámicas ocultas no resueltas, no acomodadas, se muestran a través de repeticiones en nuestra vida para atraer nuestra atención y para que las resolvamos. Cualquier evento puede suceder en la vida de una persona una vez, pero a la segunda repetición hay que detenerse un momento para reflexionar al respecto. Las repeticiones de determinadas situaciones o eventos nos ayudan a tomar conciencia de que nuestra vida está estancada en alguna parte del pasado y que no hemos crecido en algún aspecto, tal como Cristina frente a personas de autoridad. Afortunadamente, ella se dio cuenta la segunda vez y buscó ayuda para salir de esa dificultad.

En este "trance" de un sentimiento viejo de su niñez, Cristina no era libre, no había crecido en ese aspecto de su ser.

Por otro lado, la situación de injusticia que vivió la orilló a elegir una carrera determinada, una profesión cuya premisa es la justicia. La situación vivida, con todo su dolor, la convirtió en la persona y la profesional que hoy es: una mujer con sensibilidad, con sentido de justicia y una excelente abogada.

Mauro: "Quiero hacer crecer mi negocio"

"Quiero impulsar mi negocio, que tenga más éxito y que me dé medio millón de pesos mensuales, por lo menos. También deseo delegar parte de mi trabajo, tener más empleados, crear más fuentes de trabajo. En mi familia soy el tercer varón, el cuarto de seis hermanos. No me siento especial."

IR: *Elige un representante para ti y otros tres para el dinero que quieres ganar, tus colaboradores y la empresa.*

                              ◐ Dinero
Representante de Mauro ▐
            Empresa ◐
                              ◢ Colaboradores

La empresa expresa que está interesada pero cansada. Mauro está preocupado por el dinero. Los colaboradores tienen ganas de acercarse pero tienen dudas.

Se añade un representante para el proveedor que lo ayudó a independizarse de su empresa anterior y le dio su confianza cuando inició la suya:

            Proveedor ◐
Representante de Mauro ▐   ◐ Dinero
            Empresa ◐
                              ◢ Colaboradores

Todos los representantes se sienten mejor con su presencia. Entra otro representante para la empresa grande que lo aceptó sin que tuviera experiencia en ese giro. Mauro trabajó ahí siete años, al cabo de los cuales le dieron su liquidación.

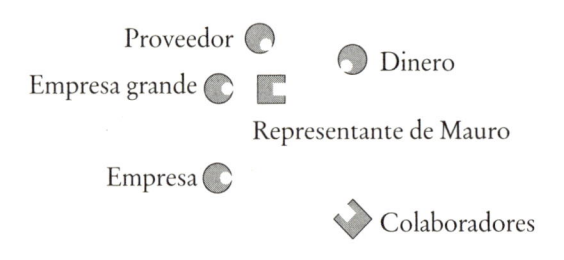

            Proveedor ◐
Empresa grande ◐ ▐   ◐ Dinero
                        Representante de Mauro
        Empresa ◐
                              ◢ Colaboradores

Ahora hay inquietud entre los representantes. El dinero quiere ir a la empresa grande, pero ésta se siente molesta.

IR: *¿Cuál fue el motivo de tu despido?*

MAURO: Descubrí un fraude de altos directivos.

Mauro toma su lugar en la configuración.

MAURO (a la empresa): Cuando yo lo denuncié, lo hice por lealtad…

EMPRESA GRANDE: No le creo.

MAURO: …Y me quise salvar de las implicaciones.

Al escucharlo hablar con honestidad de sus diversos motivos, la empresa se siente mejor. El dinero sigue viendo a la empresa grande. Los colaboradores de Mauro están a la expectativa.

Mauro menciona que algo semejante sucedió con su padre y con su madre. Se colocan representantes para estos dos últimos:

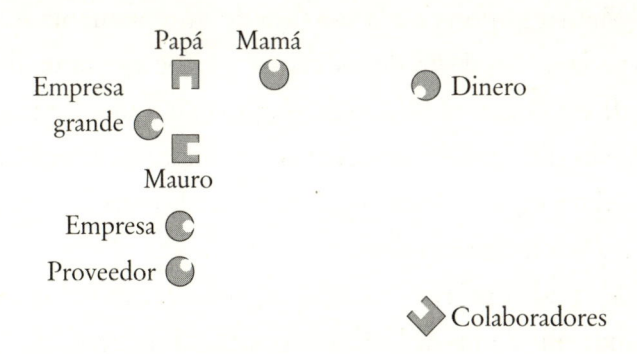

```
            Papá   Mamá
 Empresa
 grande              Dinero
            Mauro
 Empresa
 Proveedor
                     Colaboradores
```

IR: *¿Qué le recriminas a tus padres?*

MAURO: Descubrí la mentira de mi mamá, y se lo dije a mi papá. Luego me topé con la incoherencia de mi papá y entonces se rompió algo en mi relación con ellos.

IR: *En el lenguaje hay dos niveles: vínculo (afectos) y contenido.* Traicionaste el afecto (hacia mamá), privilegiando el contenido (la mentira que descubriste). *Pagaste un precio alto por meterte en los asuntos de los adultos, tus padres.*

Mauro (con lágrimas en los ojos, a su mamá): Mamá, descubrí tu mentira, y te traicioné, sin querer (habla con angustia)… Ahora sé que era muy pequeño, pues tenía sólo siete años, y no distinguí que aquel asunto era de adultos, de ustedes.

Te fui leal a ti, papá; tú me enseñaste el concepto de la verdad, pero luego no entendí tu incoherencia y me quedé confundido con respecto a tu concepto de la verdad única. No sabía que hay diferentes verdades y que cada persona tiene la suya.

Pagué un precio muy alto: los perdí a los dos por convertirme en su juez, en su verdugo.

Mauro se pone en la postura de hijo pequeño ante sus padres —es decir, de rodillas— y los abraza uniéndolos de esta manera dentro de sí mismo y juntando también sus diferentes interpretaciones acerca de la verdad.

Al levantarse, Mauro voltea a ver a la empresa grande, que ya no está molesta.

Mauro: Empresa, estudié ingeniería. No había entendido que detrás de la denuncia de los directivos, estaba también mi experiencia de niño de siete años, de denunciar a mi mamá. No tenía experiencia y me aceptaste; me diste empleo, me entrenaste, me convertiste en gerente y me pagaste bien. Ahora te lo reconozco y te lo agradezco.

En mi familia me convertí en el verdugo de los adultos, de mis padres. No había entendido que esto fue motivo para la denuncia. Gracias por lo que me diste; yo también te di mucho y pagué un precio alto por lo que di de más (se inclina).

Los papás, el proveedor y la empresa anterior se colocan detrás de Mauro. El dinero y los colaboradores se acercan y él los toma en sus brazos.

Mauro aprendió algo en su familia; vivió de una manera rígida conceptos como "mentira" y "verdad". Cuando descubrió una "mentira" de su madre, la denuncia ante su padre, traicionándola, y paga un precio muy alto: el distanciamiento emocional. Pero, luego, al ver lo que él llama la "incoherencia" de su padre, también lo juzga, y así lo pierde también, internamente.

Como ya se mencionó, en toda comunicación hay un nivel de vinculación o de afectos, y otro nivel de contenido. Cuando somos niños no sabemos diferenciar entre los dos. Muchos adultos, en particular las parejas, tampoco tienen este conocimiento, y se pelean por pequeñeces o por detalles —o sea, el contenido—, pero no entienden que en realidad se trata del vínculo y de la relación, y que el pleito por pequeños detalles deriva en el reposicionamiento del equilibrio entre las fuerzas de ambos, o sea, en la lucha de poder.

En la empresa Mauro descubrió un fraude en las altas esferas de la organización y lo denunció, por lo cual nuevamente pagó un precio muy alto: lo despidieron.

Mientras no se había dado cuenta de que transfirió la situación familiar a la empresa grande, ni el dinero, ni el éxito ni los colaboradores se acercaron a él ni a su empresa, como pudimos observar.

Ahora tiene conciencia de que sus motivos para la denuncia del fraude en la empresa no surgieron solamente de la ética, sino de su confusión de niño, la cual le hace repetir en la empresa la situación que vivió en la infancia.

En la constelación, Mauro dijo que denunció el fraude por lealtad, pero la empresa grande no le creyó. En consecuencia, pudo ver que su motivación no fue tan honorable, madura y consciente, sino una actitud arrogante de señalar las fallas de las altas jerarquías. Una parte de esa denuncia era justificada porque los seres humanos queremos trabajar en una empresa donde los directivos nos inspiran por sus valores. La otra parte, el exceso de afán, venía de la repetición de un evento de su infancia por el cual quedó sensible a ese tipo de sucesos y donde él era el portador de "la verdad", él que "tenía la razón", o sea, el "justiciero". Cuando lo reconoce (sin proclamar "la verdad"), los colaboradores y el dinero se acercan.

Nuevamente, aquí se observa la relación entre el éxito y la madre: el vínculo interno de Mauro con la madre estaba "interrumpido" debido a su traición, con la cual era difícil que su madre lo mirara con buenos ojos y que le diera su bendición incondicional.

Al retomar, momentáneamente, su papel de hijo pequeño y unir a sus padres dentro de sí y, en especial, al honrar a su madre, ésta lo vuelve a mirar con buenos ojos y le da su bendición, la cual le dará la libertad para ser creativo en su empresa y para alcanzar el éxito y la prosperidad.

Elisa: "Quiero sacar adelante el negocio de mi esposo"

"Hay un patrón negativo en la familia de mi esposo. Tengo miedo de que se reproduzca. El negocio es un restaurante que rescató cuando lo defendió en un juicio. Mi esposo es abogado. Recibió una parte como pago y la otra la compró. Yo quiero sacarlo adelante, pero él le da dinero del negocio a su mamá. Al morir su papá, éste le encomendó a mi esposo cuidar a su madre y al hermano menor, y hacerse cargo de ellos. Yo no cobro ningún sueldo."

IR: *Elige representantes para ti y para el negocio.*

Representante de Elisa

○
○
Negocio

IR: *¿Que harías sin este negocio?*

Elisa: Nuestros hijos aún son pequeños, uno tiene cinco años y el otro nueve meses. Quisiera estar más tiempo con ellos, pero necesitamos el dinero del restaurante.

La representante de Elisa se aleja del negocio. Se agrega un representante para el esposo y otro para el propietario anterior del restaurante:

Representante de Elisa

Negocio   Propietario anterior

Esposo

El negocio se acerca al propietario anterior y al nuevo dueño (el esposo). La representante de Elisa también se acerca y se para frente al esposo. Primero dice que siente enojo… pero poco a poco se tranquiliza y puede hablar con calma.

Propietario anterior
Representante de Elisa

Negocio

Esposo

Representante de Elisa (al esposo): Gracias por tu confianza al encomendarme este negocio. Quiero sacarlo adelante pero el precio es demasiado alto: no recibo ningún sueldo por mi trabajo y no puedo cuidar a nuestros hijos como quisiera.

El negocio se va con el propietario anterior. Elisa se para al lado de su esposo:

Propietario anterior

Negocio

Esposo

Representante de Elisa

Ahora Elisa toma su lugar.

IR: *Vamos a hacer lo que técnicamente se llama un "adelanto en el tiempo". Tú ya sabes lo que quieres. Puedes hacer la prueba con el representante de tu esposo (que no se encuentra en el grupo) para ver cómo se lo vas a decir y cómo recibirá lo que quieres decirle.*

Elisa (al esposo): A ti te amo y te honro porque eres un hombre de valores, de familia y llevas a cabo la encomienda de tu padre... Otra parte es el negocio, y necesitamos hablar como empresarios. Nos está dando mucho. Tú tienes un gran mérito porque lo rescataste y lo compraste. Reconozco que este negocio es tuyo. Y yo estoy trabajando por él.

Quiero seguir esforzándome en este negocio y voy a cobrar un sueldo; el dinero que gane con mi trabajo va a ser mío. Somos socios en igualdad de términos: tú del capital, y yo de la fuerza de trabajo. La ganancia la repartiremos entre los dos, y con tu parte podrás solventar los gastos de tu mamá y de tu hermano. Aparte del dinero del restaurante, prometiste que pronto podríamos vivir con tu sueldo de abogado.

El negocio se acerca más a ellos:

                                      Propietario anterior

        Negocio
        Esposo
    Representante de Elisa

El representante del esposo se siente bien por la manera en que Elisa se lo explica y señala que está de acuerdo con la propuesta.

IR: *¡Mucho éxito, Elisa!*

Las parejas, cuando se casan, generalmente firman su contrato matrimonial. Sin embargo, la misma pareja, cuando hace negocios entre sí, no elabora acuerdos y mucho menos firma otro tipo de contratos. Lo mínimo es establecer un acuerdo o un contrato privado, en los que deja claras las condiciones.

El mérito del esposo fue haber rescatado y comprado el negocio. El mérito de la esposa fue invertir su fuerza de trabajo para seguir manteniendo el negocio. Por el tiempo que dedica a ese trabajo (por el cual no puede cuidar a sus hijos) ella necesita recibir un sueldo. Si Elisa decidiera ser ama de casa cuidando de sus hijos, el negocio necesitaría un gerente que recibiría un sueldo.

Como ella no recibe ningún sueldo y ve que las ganancias se utilizan para mantener a la suegra, la relación entre ambas seguramente es tensa, lo cual no implica una buena energía para el negocio. Además, esa misma tensión se reflejará en la relación entre los esposos, con sus respectivas consecuencias sobre los hijos.

Cuando hay situaciones que no son claras en empresas familiares, o confusión de los lugares, jerarquías o méritos, la empresa no prospera. Es como si los clientes registraran esto de manera inconsciente y por ello no se sienten atraídos por el negocio, lo cual deriva en fracasos, cierres y pérdidas de dinero.

Al trabajar y aclarar la situación, y al separarla de los afectos —o sea, su relación de pareja y su relación en torno al negocio—, el dinero, los clientes y el éxito se sentirán atraídos por el negocio.

Elisa tenía mucho enojo al principio, y poco a poco pudo reconocer el mérito y los valores de su marido. Al hacerlo, en este "adelanto en el tiempo", cambiará la relación entre ambos: ella podrá planteárselo de manera más clara, en un nivel empresarial, sin enojos, y seguramente logrará su meta, tal como el representante del esposo aseveró durante la constelación.

Susana: "Recuperar mi herencia"

"Quiero recuperar mi herencia. Soy la tercera de cuatro hermanos. Hay muchos pleitos por la herencia que nos dejó mi mamá. Cuando murió mi papá le dejó todos sus bienes a ella, y ella nos los legó a nosotros."

IR: *Elige representantes para ti, para la herencia y para tus tres hermanos.*

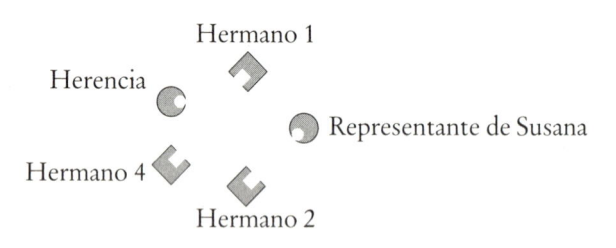

<pre>
                    Hermano 1
        Herencia
                              Representante de Susana
        Hermano 4
                    Hermano 2
</pre>

La herencia se quiere alejar de ellos.

IR: *Podemos observar que todo el tiempo los hermanos se miran. Hay familias que se deshacen cuando la madre muere, pero aquí los pleitos entre los hermanos por la herencia paradójicamente los mantienen unidos, sin soltar a mamá, y postergando el duelo y su final.*

Se agregan representantes para el papá y para la mamá, quienes se colocan al lado de la herencia, que es el patrimonio por el que trabajaron toda su vida:

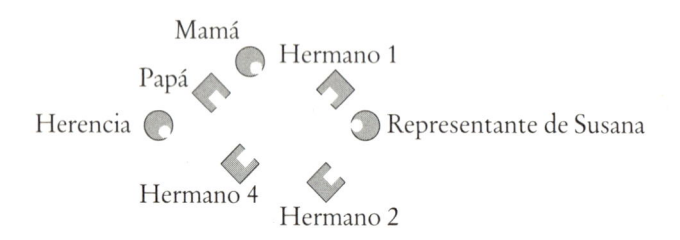

<pre>
              Mamá
                    Hermano 1
         Papá
    Herencia   Representante de Susana
         Hermano 4
                    Hermano 2
</pre>

La herencia se siente bien al lado de los papás, que fueron sus forjadores.

Como una prueba, se coloca la herencia detrás de los hermanos, y papá y mamá enfrente, lo cual indica que la herencia es para todos:

```
        Mamá
Papá     ◐
  ◣ ◐
                    ┐ Hermano 1
                    │ Hermano 2
                    │ Representante de Susana
                    ┘ Hermano 4
                         Herencia
```

Los padres se sienten en paz.

IR: *Parece que ésa es la solución a futuro. ¿Cómo llegar ahí?*

El representante de Susana avanza hacia la mamá. Ésta no conecta con su hija, no la mira; sólo atiende a sus hijos varones.

Entra una representante para la abuela materna:

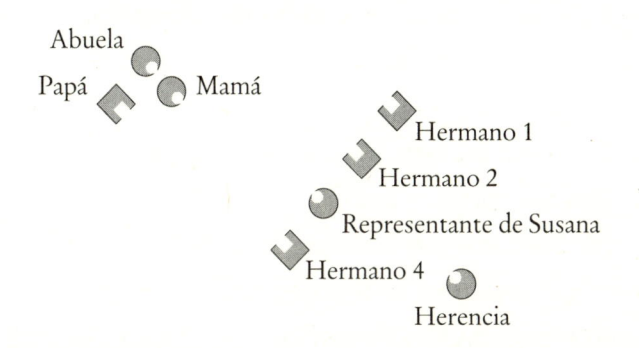

```
  Abuela
    ◐
Papá   ◐ Mamá
  ◣   ◐
                    ┐ Hermano 1
                    │ Hermano 2
                    │ Representante de Susana
                    ┘ Hermano 4
                         Herencia
```

Susana explica que su mamá fue huérfana de padre desde niña y tuvo que trabajar para sostener su casa. La abuela, su mamá, tuvo nueve hijos; cuatro varones murieron muy pequeños, y sólo uno sobrevivió. Las cuatro mujeres también sobrevivieron.

Susana afirma que la abuela lloraba mucho por los hijos varones muertos, y que su mamá a veces pensaba que la abuela habría preferido que hubiera muerto ella o las otras hijas, pero no los varones.

Se le pide a la mamá de Susana que voltee para que mire a su propia madre (la abuela). Parece rígida y congelada.

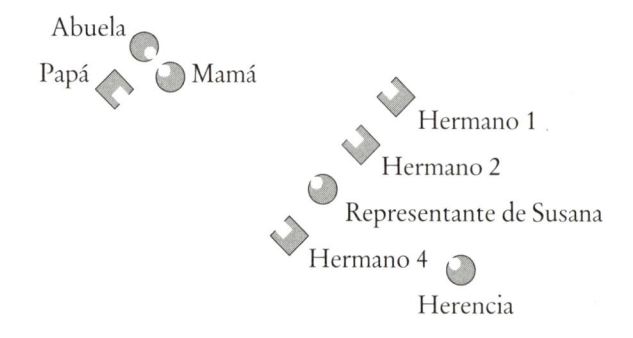

```
        Abuela
    Papá      Mamá
                      Hermano 1
                      Hermano 2
                      Representante de Susana
                    Hermano 4
                      Herencia
```

Mamá (de Susana, a su propia mamá): Mamá, a veces creo que tú pensabas que hubiera sido mejor que mis hermanas o yo hubiéramos muerto en lugar de uno de mis hermanos varones.

La abuela muestra temor; luego niega con la cabeza. Finalmente abraza a su hija.

IR: *Podemos constatar que la mamá de Susana se descongela al hablar sobre lo que percibió cuando era niña. Ya no es un secreto. Al mencionarlo, el secreto pierde su fuerza y puede fluir el amor; es como una reconciliación de las dos en el pasado.*

La mamá de Susana se queda mucho tiempo en el abrazo de su propia mamá. Luego se voltea hacia Susana y la abraza.

Representante de Susana (en el abrazo): Mamá, ahora te comprendo más.

Susana entra a la constelación y se para frente a su mamá:

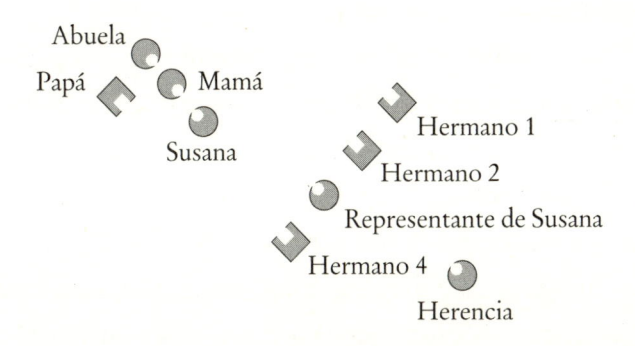

- Abuela
- Papá
- Mamá
- Susana
- Hermano 1
- Hermano 2
- Representante de Susana
- Hermano 4
- Herencia

IR: *Voy a sugerir una solución para pleitos entre hermanos por una herencia de sus padres. Es una sugerencia diferente. Es decisión de Susana llevarla a cabo o no. Pero aquí ella puede hacer el ensayo para ver cómo se siente con esta nueva solución. Hemos observado que así se puede llegar a la paz entre los hermanos.*

Susana: Mamá, tengo todo, y ahora te tengo también a ti. No necesito más porque me diste lo más importante: la vida, junto con mi papá. (A sus hermanos:) Queridos hermanos, yo estoy completa. Tengo a mi mamá y a mi papá en mi corazón, y antes de perderlos a ustedes renuncio a la herencia. Quiero estar en paz.

Susana reflexiona un tiempo, como si siguiera escuchando sus propias palabras, y luego asiente: se siente tranquila.

Cuando hay pleitos entre los herederos, éstos se "unen" porque se mantienen juntos en el conflicto, pero las peleas también los separan porque cada uno quiere quedarse con la parte más grande del progenitor. El que se queda con la parte mayor de la herencia, generalmente la pierde. Y, además, también pierde a sus hermanos y a las familias de sus hermanos.

Voy a hablar sobre nuestras observaciones en las constelaciones en torno a las herencias; es como si la herencia representara a la madre y al padre, como si fuera su cuerpo.

En primer lugar, una herencia no es un derecho; más bien es un regalo, como ganarse la lotería. Representa el esfuerzo y el trabajo, muchas veces con sacrificios, de quienes nos anteceden. Pudimos observar que el representante de la herencia se sentía mejor al lado de sus forjadores: los padres.

Una vez que se tengan hijos y patrimonio material, es aconsejable hacer un testamento y dejar establecida la última voluntad en términos claros; es decir, se distribuye en partes iguales entre todos los hermanos.

En segundo lugar, si se trata de un solo heredero, la herencia debe recibirse en cumplimiento de la última voluntad de la persona que la hereda, y el heredero puede hacer con ella lo que mejor le parezca.

En tercer lugar, si hay más hijos la herencia se reparte en partes iguales entre los hermanos de ese progenitor.

Y en cuarto lugar, debe repartirse en partes iguales entre los hijos de la persona que hereda y partes iguales entre los hijos de los diferentes matrimonios o relaciones de las cuales hayan resultado hijos biológicos.

El hijo o la hija que se hicieron cargo de los cuidados de los padres antes de morir deben heredar una parte igual que los demás hermanos y se pueden quedar con algo más que les recuerde a sus padres.

Esto crea paz entre los hermanos porque todos están incluidos y honran a sus papás.

Pablo: "No prospero porque todo lo pospongo"

"No puedo prosperar porque desde que era niño todo lo pospongo, desde la muerte de mi hermano mayor a sus 19 años. Yo tenía cinco años cuando murió en un accidente automovilístico. Lo vi deshecho, desfigurado, roto. Ya no se parecía a mi hermano de antes. Esta imagen me persigue siempre, como una pesadilla."

IR: *Parece que algo dentro de ti se congeló en el pasado. Voy a trabajar directamente contigo. Elige un representante para tu hermano.*

A este último se le pide que se recueste en el piso, frente a Pablo:

        ▐   ▌
Representante de Pablo   Hermano

Pablo casi cae al suelo al lado de su hermano muerto, llorando.

PABLO (después de un tiempo, se pone de rodillas y le habla a su hermano): Hermano, ahora te voy a recordar tal como eras antes del accidente; te veo con los ojos de mi corazón. Y nada ni nadie me puede quitar tu bella imagen de mi corazón.

Momentos después logra levantarse, en la medida en que siente que está creciendo.

PABLO (ahora habla como adulto): Hermano, nada ni nadie me puede arrebatar tu cara hermosa, tu cuerpo entero. Te veo amoroso, precioso, juguetón, dedicado, presente. Estás grabado en mi corazón. Voy a dejar de perseguirte para estar a tu lado, como si yo también estuviera muerto.

HERMANO (que ahora siente que descansa): Todo lo que ves en mí lo tienes tú también. Morir fue mi destino y mi tiempo. Tu tiempo es diferente.

PABLO: Gracias, lo aprendí de ti (lo abraza).

IR: *Reimprime esta imagen de tu hermano nuevamente en tu corazón, en tu alma. Tu hermano fue tu ángel de la guarda mientras vivía y durante todo este tiempo, después de su muerte, también. Si lo fue cuando eras chico, ¿cómo no lo va a ser desde allá, con la sabiduría de aquel lugar?*

PABLO: Esto es lo que había pospuesto todo el tiempo: la despedida. ¡Ahora lo comprendo!

Lentamente, Pablo se da la vuelta y se retira, dando unos pasos hacia el futuro:

Hermano

Pablo

IR: *Lo que Pablo necesitaba era evocar una nueva imagen de su hermano que le permitiera despedirse. Eso es lo que había venido posponiendo. Ahora puede dejar de postergar su propia vida.*

Desde el accidente, la última imagen que tuvo Pablo de su hermano fue su cara y su cuerpo desfigurados. El tiempo se había quedado congelado en él, junto con estas imágenes.

Cada vez que quería emprender algo, sentía que se alejaría de ese tiempo congelado que lo conectaba, al mismo tiempo con su hermano querido. Como si él, la escena y el tiempo se hubieran quedado encerrados en esa burbuja. Siempre que intentaba salir de esa burbuja, experimentaba una sensación de deslealtad. Posponer la despedida era una manera de seguir sintiéndose leal a su hermano. Las últimas imágenes que tuvo de él lo mantuvieron "cautivo" en su lealtad, en su burbuja del tiempo y del espacio de aquel accidente.

Lo que Pablo necesitaba era evocar la imagen hermosa de su hermano, tal como la recordaba antes del accidente, y luego despedirse. Lo que había pospuesto todos estos años era la despedida de su hermano. Al hacerlo, Pablo había pospuesto su propia vida, sus proyectos, su éxito y su prosperidad.

Al sobreponer en su mente y en su corazón la imagen de su hermano antes del accidente, puede grabarla en su corazón y mantener su lealtad hacia él. Esta despedida le permitirá seguir adelante con su propia vida y con su destino.

Rocío: "No puedo tomar el poder y el dinero"

"Me siento incapaz de tomar el poder y el dinero, por eso no prospero. Mi familia paterna vivió la Guerra Civil española. Tenían mucho miedo, pues una tía murió en ese proceso. Mi padre migró a México. Aquí conoció a mi mamá. Y yo nací aquí."

IR: *¿Qué cambiaría en tu vida si tomaras el poder y el dinero? Elige alguien que te represente y otros dos para el poder y el dinero.*

       Dinero ◐   ◐ Representante de Rocío
       Poder ◐

El poder y el dinero se sienten bien entre ellos. La representante de Rocío está hipnotizada por el poder pero no se puede mover.

Representante de Rocío: Está bien para mí quedarme sin ustedes.

El poder y el dinero le dan la espalda:

       Dinero ◐   ◐ Representante de Rocío
       Poder ◐

La representante de Rocío no se puede mover, algo le falta. Se le doblan las piernas y la voz se le quiebra. Se da la vuelta, asevera que necesita la fuerza de su papá.

Entra un representante para el papá. Rocío se voltea hacia él y lo mira cara a cara:

Dinero 🌓   Representante de Rocío
                    ◐ ◳ Papá

Poder 🌓

REPRESENTANTE DE ROCÍO: Lo veo muy grande; yo me siento muy pequeña y vulnerable.

Entra Rocío y se pone de rodillas, en posición de hija pequeña, al lado de su representante:

Dinero 🌓   Representante de Rocío
                    ◐ ◳ Papá
                    ◐
Poder 🌓   Rocío

ROCÍO: Cuando era pequeña lo sentía muy vulnerable y frágil. Siento que hay algo misterioso en él.

IR: *¿Hubo algo?, ¿algún evento?, ¿alguna pérdida prematura?*

ROCÍO: No recuerdo.

El dinero se aleja.

Al papá le duele la espalda. Rocío cuenta que recibió un balazo durante la guerra, a los 16 años. Pero el representante del padre asegura que se siente bien, fuerte.

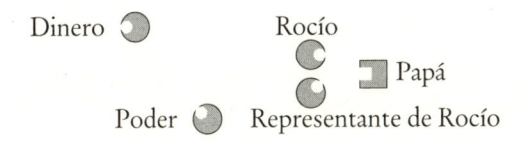

Dinero 🌓   Rocío
                    ◐ ◳ Papá
                    ◐
Poder 🌓   Representante de Rocío

IR: *Si no hubiera habido guerra, tu papá no habría venido a México. El infortunio de uno es la buena fortuna de otros; en este caso tú, porque sin la guerra él no habría conocido a tu mamá y, en consecuencia, tú no habrías nacido.*

Rocío: Papá, ahora asumo la vida, al precio que pagaste.

Se levanta como si estuviera creciendo. La representante de Rocío se siente bien, segura.

Rocío explica que, además, una hermana de su papá murió durante aquella guerra. Su papá le platicaba que vivieron con mucho miedo esos años.

Rocío: Papá, ahora te devuelvo tu temor, a ti, a tu familia, a los españoles (lo abraza), y me quedo con tu fuerza.

Rocío va hacia el poder, y su representante hacia el dinero. Rocío toma el poder; su representante trata de tomar el dinero, pero éste se aleja. La representante de Rocío le da vueltas al dinero.

Representante de Rocío
Dinero
Poder   Papá
    Rocío

El dinero reporta que tiene escalofríos. Siente algo caliente en la espalda.

IR: *¿Hay dinero ensangrentado en tu familia?*

Rocío: Otra tía murió acuchillada por la espalda cuando la asaltaron. La asesinaron junto con su amante, por dinero y por celos. Su amante tenía otra pareja.

Se agrega un representante para el victimario:

Representante de Rocío

Victimario
Dinero

Poder   Papá
    Rocío

Dinero: Me siento extraño, como si perteneciera al victimario.

El dinero se queda cerca de este último.

Ahora se colocan representantes para las dos víctimas, que yacen en el piso:

Representante de Rocío

Victimario   Víctimas
Dinero

Poder   Papá
    Rocío

El dinero sigue sintiendo que no le pertenece a la víctima y se queda al lado del victimario.

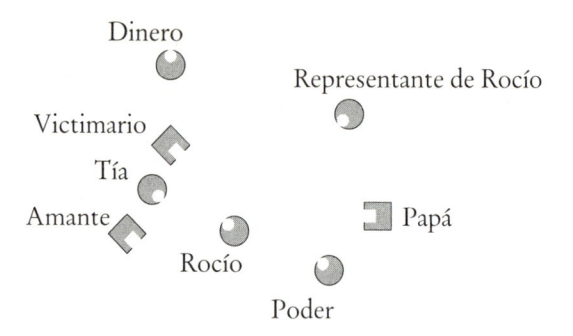

```
                Dinero
                  ◐
                         Representante de Rocío
   Victimario             ◐
         ◖
       Tía
         ◖
  Amante          ◐
      ◖         Rocío     ▮ Papá
                     ◐
                   Poder
```

IR: *A veces, es preciso no hurgar en los secretos. Pertenecen a las personas que los vivieron y hay que dejarlos con ellos. No tenemos derecho de profanarlos. Honremos a los muertos dejándolos en paz.*

Rocío se inclina ante todos para honrarlos. Con esta acción la representante de Rocío se siente mejor y regresa a su lugar.

Rocío vuelve a tomar el poder que había dejado en el camino y mira toda la escena, antes de darse la vuelta y dejar todo atrás con los protagonistas de estos destinos.

Rocío: Ya recuperé el poder. El dinero ensangrentado lo dejo atrás. Yo ganaré mi dinero con mis talentos y con mis habilidades, por medio del amor y del servicio a la vida.

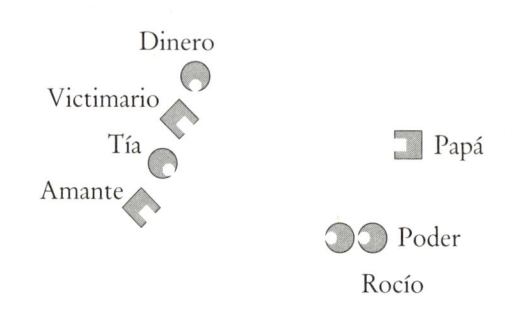

```
               Dinero
                 ◐
    Victimario
         ◖
       Tía
         ◖           ▮ Papá
    Amante
         ◖
                    ◐◐ Poder
                    Rocío
```

IR: *Muy bien. Ahí lo dejamos.*

En esta familia hubo muchas heridas: muertos en la guerra, pérdida de patrimonio y de la tierra amada (en este caso España). Como ya lo mencionamos, con frecuencia se puede constatar que los descendientes de inmigrantes tienen dificultad para generar dinero y quedarse con él. En el inconsciente, creen que tener dinero implica una acción desleal hacia los que perdieron todo. Es el caso de las personas que vivieron la traumática experiencia de la guerra.

En México hubo diversos eventos que impactaron a los descendientes en este sentido para poder seguir leales a sus familiares que perdieron tanto: la Revolución, las reformas agrarias, la guerra de los cristeros, el 68, el 71, el sismo de 1985 y las devaluaciones. Al perder dinero se sienten leales hacia los que perdieron la vida o su patrimonio.

También atraen a socios desleales que se fugan con el capital, pierden sus negocios o no logran establecerlos de manera duradera y próspera.

Pero en las constelaciones hemos observado que los ancestros, los familiares que vivieron antes que nosotros y que perdieron tanto o murieron, reportan, a través de sus representantes, que quieren ser mirados, recordados y honrados, y así nos ven con ojos benévolos en nuestro éxito y en nuestra prosperidad.

Aquí hubo un evento adicional: un asesinato. Generalmente solemos ver sólo a la víctima, pero con eso no solucionamos el enredo sistémico. También necesitamos ver al victimario y abrir nuestro corazón a la compasión: "¡Cuánto debe haber amado para matar!"

Los miramos a todos, sin excluir a nadie; ponemos a todos en nuestro corazón, y con esta fuerza del amor volteamos hacia nuestra vida, hacia nuestro propio destino, y hacemos algo positivo en honor de ellos y en su memoria para que lo que vivieron no haya sido en vano.

Su fuerza está en cada uno de nosotros, si los podemos reconocer e incluir, tendremos éxito, lograremos alcanzar la prosperidad y los pondremos al servicio de la vida.

Últimas observaciones para el éxito de un negocio, organización o empresa

A lo largo de su trabajo con organizaciones, empresas y negocios familiares, Bert Hellinger ha observado que tienen éxito y prosperidad cuando se observa el siguiente orden: en primer lugar, está el producto o el servicio; luego, los colaboradores que lo producen o lo ofrecen. En tercer lugar están los clientes para este producto o servicio. Finalmente; el fundador que tuvo la idea, así como los propietarios o sus socios con el capital, quienes crean las condiciones legales para el negocio, y posteriormente los puestos y las funciones para que los colaboradores puedan trabajar.

Si el producto o servicio está a disposición de la vida, los colaboradores se sentirán motivados. Cuanto más lo estén, atraerán más clientes que quieran comprarlos o adquirirlos. En último lugar están los propietarios, también al servicio de la vida, quienes aportan la idea, el capital y las condiciones para que los colaboradores produzcan el bien u ofrezcan el servicio, obtengan un ingreso digno y mantengan a sus familias.

De esta manera, cada centro de trabajo constituye un sistema en sí mismo. De hecho, un sistema se forma por cualquier grupo de personas que trabajen cotidianamente, aprendan o se relacionen en conjunto. Esto ocurre en cualquier organización privada o de gobierno. Su denominador común es que están compuestas por seres humanos: los colaboradores, los proveedores, los clientes y los propietarios, quienes constituyen un sistema de seres humanos en el cual constantemente surgen diferentes dinámicas. Se ha observado que en los centros de trabajo las personas trasladan el tipo de relaciones de su familia de origen y de su familia actual a sus compañeros de trabajo. De manera inconsciente, un colaborador puede repetir con su jefe el modo de relacionarse que tuvo con su padre o con su madre. Las dinámicas ocultas de las familias se manifiestan en el contexto laboral, donde las personas tienen un trato cotidiano. Con frecuencia, asuntos y problemas originados en el sistema familiar, y no resueltos o acomodados adecuadamente, afectan a una parte y, a veces, a toda la organización.

Aun cuando la empresa es un sistema, no aplican en ella las mismas leyes que en el sistema familiar, porque el primer principio, el de la vinculación, así como el del derecho a pertenecer, aquí no están garantizados. Mientras que en una familia uno no tiene que hacer ningún mérito para pertenecer, en las empresas sí hay que hacerlos para lograrlo y ser remunerado. Quien hace más méritos en una empresa, obtendrá su derecho a pertenecer, y ganará más.

Los negocios, las organizaciones y las empresas se basan en el orden, es decir, en la antigüedad y en la jerarquía, al igual que en las familias: quien llegó primero tendrá una mayor antigüedad y mayores derechos y, por consiguiente, una antigüedad desde hace más tiempo, o sea una pertenencia mayor que la de las personas que llegaron después. Y hay que reconocer esto.

El segundo principio también está vigente en el mundo laboral: el equilibrio entre dar y tomar debe ser respetado para garantizar buenos resultados. Si, por un determinado trabajo, se le paga poco a un colaborador, con el tiempo el sistema lo resentirá. Al mismo tiempo, si se le paga mucho, el sistema también lo resentirá.

Ya sea que se trate de una gran empresa o de una transacción única, en cada negocio se ven involucradas varias personas y diferentes elementos de un todo. Por ejemplo, en la venta de una casa, el sistema está integrado por la persona que desea venderla, el comprador (y el agente de bienes raíces), la familia que vivió ahí, los eventos que tuvieron lugar en ella y, finalmente, el dinero.

Muchas organizaciones y empresas, con la ayuda de las constelaciones organizacionales, han logrado descubrir dinámicas ocultas que estaban causando diversos tipos de problemas, como pérdida de clientes, falta de productividad, conflictos entre departamentos, accidentes recurrentes, rotación de empleados, entre otros.

La metodología de las constelaciones, llamadas aquí configuraciones organizacionales o empresariales, muestra lo que está ocurriendo en la empresa, realiza un diagnóstico y ofrece soluciones.

Conclusiones

Las constelaciones son una herramienta de diagnóstico para traer a la luz cierto tipo de dinámicas ocultas. El individuo observa por última vez esos eventos, mira todo con conciencia, lo reconoce, lo agradece y lo honra. Esta última mirada llena de compasión, debida a una mayor comprensión de la vida de sus antepasados, lo lleva a la reconciliación con el pasado y, en consecuencia, a lograr la paz, una paz interna que permite dejar el pasado atrás y dirigir la mirada hacia el presente y hacia el futuro.

Al surgir a la luz este tipo de dinámicas ocultas, inconscientes, que se hacen visibles y observables en una constelación, se toma conciencia de que a los descendientes no les corresponde atribuirse las cargas y los sentimientos de otras personas de su clan.

Se puede cerrar este ciclo vicioso honrando a los progenitores o ancestros por medio de una reverencia para después darse la vuelta, llevándolos en el corazón, y seguir viviendo la propia existencia en honor y memoria de quienes estuvieron antes, y haciendo algo positivo con estos sentimientos para un proyecto propio en lugar de seguir sufriendo debido a identificaciones y lealtades invisibles, por el amor ciego del hijo/de la hija pequeños.

Las constelaciones son una excelente herramienta de diagnóstico que ayuda a descubrir estas dinámicas, que surgen a la luz por medio de la información que proporcionan los consultantes en la breve entrevista que les realiza el facilitador, por medio de los movimientos de los representantes y, finalmente, por medio de los testimonios de éstos. Con la constelación, el facilitador y el grupo entero acompañan al consultante para descubrir dónde está el obstáculo que le impide vivir plenamente.

Nuevamente, subrayo: la solución a la que se llega por medio de las constelaciones no es una predicción, sino una forma de abrir la mente a una nueva visión, que nos permite observar la totalidad de un proyecto, un negocio, una sociedad o una empresa. De esta manera, se abre la mente a la creatividad para encontrar soluciones. Quizás el consultante decida instrumentar la solución que le mostró la constelación u otras nuevas en las que nunca había pensado antes.

Encontrar una solución diferente tampoco es una garantía para el éxito. Depende del consultante, en última instancia, tomarla, encontrar otra o decidir quedarse con sus lealtades invisibles hacia los ancestros y hacia su sistema familiar, lo cual le exige menos esfuerzo porque no tendrá que cambiar.

El cambio implica lo nuevo, lo desconocido, y por lo mismo temido. Dicho cambio a veces lo percibimos como una traición al sistema familiar o a alguien en particular. Sin embargo, hemos observado que los representantes de las personas del pasado de una familia manifiestan siempre que no quieren que repitamos su vida ni su destino, sino que tomemos lo propio en nuestras manos, apoyados por la fuerza que nos dan, la cual se encuentra en el campo morfogenético de la familia.

Donde una vez hubo éxito, los descendientes pueden "conectarse" con esa energía y alcanzar su propio éxito.

Contactos

Talleres y cursos:

Centro de Constelaciones Familiares Sowelu, A. C.
Heriberto Frías, núm. 939,
entre División del Norte y San Borja
Col. Del Valle, México, D. F., 03100
Tels. 5543 8568, 5543 6545 y 5687 0265

Página web:
http://www.constelaciones.com.mx/bert_ingala_lorenz.htm

Informes:
informes@constelaciones.com.mx

Agradecemos su opinión sobre este libro:
directora@constelaciones.com.mx

Constelaciones familiares para la prosperidad y la abundancia, de Ingala Robl
se terminó de imprimir en marzo de 2015
en los talleres de Litográfica Ingramex, S.A. de C.V.
Centeno 162-1, Col. Granjas Esmeralda,
C.P. 09810, México, D.F.